gestalten

The Surf Atlas
ザ・サーフアトラス

波をめぐる伝説と
まだ見ぬ聖地を探す旅

g

目次

サーフィンをめぐるワールドワイドな歓び

私たちの住む地球は、宇宙から見ると青い星に見えるというのは有名な話だ。それは、地表の大部分を海が覆っているからである。しかし、よく見ると、その青い惑星の大部分は、白い円柱状の雲と風がカバーし、海をかきまわして万華鏡のような状態にしていることが多い。その混沌の中からうねりが生まれ、目的を持つかのように巻き上がり、ゆっくりと規則的に積み重なり、まるで新品のコーデュロイ生地の畝のようなラインを描く。やがて、うねりは海底の地形に起伏のある場所にたどり着き、その特殊な地形によって、あらゆる形や大きさの波となって砕け散る。そこにサーファーが集まってくる。青を背景にした人影は、休むことなく水面を動き続け、岸辺へと向かう嵐のようなエネルギーの塊に乗り、運ばれるチャンスを狙っている。それは本質的にとてもシンプルな行為で、古代の人から、海鳥、イルカ、そして奇妙な軟体動物にさえ共通する活動でもある。そしてそれは、この100年ほどの間に、地上に住む私たちをすっかり魅了するようになった。最近の推定では、全世界には2,000万人以上のサーファーが存在し、150カ国以上に広がっているという。サーフィンがどのように広がり、どのように定着し、どのように進化してきたのか。その物語は沿岸地域だけでなく、さまざまな場所で語られている。西アフリカ、南米、中国、太平洋地域からの記録や遺物は、現代のサーフボードが登場する何百年も前から波乗りが行われていたことを示唆している。確かに、子どもたちが木の切れ端を手にしたら波打ち際に飛び込みたくなるだろうし、カヌーに乗った漁師は安全かつ迅速に岸にたどり着こうと白い波を利用したのだろう。

しかし、私たちの知る限り、サーフィンが気軽な娯楽から文化の発信源へと変貌を遂げるほどの熱狂を集めたのは、ポリネシアと呼ばれた地にほかならない。特にハワイにおいては、地域のレクリエーションや儀式の中心的な存在となった。島民は多様な手作りのボードに堂々と乗り、求愛からギャンブル、ステータス表示まで、あらゆることを水上のダンスに取り込んだのである。20世紀初頭にハワイ出身の2人の水泳選手、ジョージ・フリースとオリンピックメダリストのデューク・カハナモクによって、スポーツとしてのモダンサーフィンが世界中に紹介され始めた。彼らは10年の間に、オーストラリアとアメリカ本土の東西海岸にこのスポーツを普及し、そのデモンストレーションには何百人もの人々が見学に来た。その後、ハワイアンとしての遺志を継ぐサーファーが続々と誕生し、その文化は世界各地に広がっていった。1940年代以降、新天地や混雑していないサーフポイントへの憧れ、あるいは遠く離れた軍事基地での退屈な生活から抜け出したいという欲求に突き動かされ、船員、密輸業者、軍人、徴兵から逃れたヒッピーたちが、世界のサーフィン大使として思いがけず結束を強めていった。パドリングする先々で彼らのサーフィンは注目され、ボードが置き去りにされると、地元の人々がすぐにそれを拾っていった。

現代では、サーフィンをひとりで楽しむほうがむしろ一般的だが、初期の愛好家たちは孤独を求めなかったようだ。ラパ・ヌイ島(イースター島)からインド、セネガルなどのモダンサーフィンの第一世代は、他人をこの狂騒に巻き込もうと強く願っていたが、その動機と言えばサーフィンの楽しさを共有したいという思いだけだった。サーフィンの魅力に取り憑かれると、一夜にして個人の生活は一変し、視点の変化や新たな願望が生まれる。やがて、地域社会全体にも変化が訪れる。海岸線に新しい地形が生まれ、岩場、リーフ(岩礁)、砂浜には突如、新しい名前と個性が与えられる。名もなき岩場から伝説のサーフブレイクに生まれ変わるのだ。そして、潮の流れ、風、うねりなど、さまざまな要因で変化する波の状態を読み解こうとする熱心な仲間を呼び寄せる。やがてこうしたサーファーたちは、海という空間の管理者となり、汚水の流出から破壊的な沿岸開発まで、あらゆる脅威に対するキャンペーンを展開するようになるのである。

バリ島のブキット半島やフィリピンのシアルガオ島では、憧れの波に近いという理由で、荒れ果てていた海岸の土地が、あっという間にこの地域で最もホットなスポットへと変貌を遂げた。「サーフィンの聖地」と呼ばれるようになったことで大きな利益を得た地域もあれば、逆に深刻な被害を被った地域もある。しかし、何らかの恩恵があることに、疑いの余地はない。

サーフィンというスポーツが大きく広がり始めてから1世紀以上が経過し、サーフィンの世界は目まぐるしく変化した。活気あふれる大都市から人里離れたジャングルの村、雪に覆われたビーチから赤道直下の灼熱の砂丘まで、今や波があるところには必ずサーファーがいる。5階建てのビルほどもある水の山に駆け登り、自分の限界に挑むサーファーもいれば、完璧に割れていく腰の高さほどの波を気持ちよく乗りこなすことに集中する人もいる。サーフィンをスポーツと考える人、芸術と考える人、そして癒しやパワーの源、コミュニティの結束の手段と考える人など、とらえ方もさまざまだ。しかし、どこに行こうともサーフィンの普遍的な魅力、つまりシンプルだが最高の歓びによって、すべての人が結ばれていることに変わりはない。

サーフィンは政治を超越するとよく言われる。しかし、波乗りがより遠くの海岸や文化的に異なる環境に行き渡っても、陸上の生活に関わる厄介な問題から逃げ切ることはできない。用具の不足、海岸の私有化、文化的な障壁などが、サーファーが波にアクセスするのを妨げる一因となっているのだ。こうした障害を認識できさえすれば、私たちは力を結集し、問題を解決することができるだろう。文化を超えたつながりを育むことは、この美しくもシンプルな娯楽が常に得意としてきた分野のひとつだ。現代のサーフカルチャーは、仲間とともに、自分にとって本当に大切なものを守るために寄付をしたり、キャンペーンをしたり、集まったりする瞬間に輝きを放つ。なぜなら、あなたがサーファーであれば、たとえそれが遠く離れた国の人であっても、おそらく本当に大切なものは同じだからだ。

BY ルーク・ガードサイド

オセアニアと太平洋

Philippine Sea
フィリピン海

PHILIPPINES
フィリピン

MALAYSIA
マレーシア

INDONESIA
インドネシア

SINGAPORE
シンガポール

5
≈
PAPUA NEW GUINE
パプアニューギニア

Arafura Sea
アラフラ海

Coral S
珊瑚海

AUSTRALIA
オーストラリア

INDIAN OCEAN
インド洋

7
≈

Great Australian Bight
グレートオーストラリア湾

Tasman
タスマン

8
≈

NORTH PACIFIC OCEAN
北太平洋

1
2
3

HAWAII (UNITED STATES)
ハワイ（アメリカ）

TAHITI (FRENCH POLYNESIA)
タヒチ（フランス領ポリネシア）

4

SOUTH PACIFIC OCEAN
南太平洋

6

NEW ZEALAND
ニュージーランド

７マイルの
奇跡

アメリカ合衆国
ハワイ州オアフ島ノースショア

　サーフカルチャーに聖地があるとすれば、それは間違いなくオアフ島のノースショアだ。ハレイワからベルジーランドまでの７マイル（約11キロ）におよぶ奇跡のサーフゾーンでは、10種類以上のブレイクが体験でき、歴史的にもこれほどまでに意味のある場所はない。

　その中心はチューブライディングの最高峰、バンザイ・パイプラインだ。珊瑚と硬い溶岩が混ざった岩肌に激しい波が打ち寄せ、ビーチで眺めるギャラリーは地鳴りを感じるほどだ。1960年代初頭に初めてサーフィンが行われたこの場所は、60年代後期に登場したショートボードと、その卓越した技術で「ミスター・パイプライン」と呼ばれたジェリー・ロペスなどの、ローカルの実力派たちの画期的なアプローチによって、70年代になると一躍脚光を浴びた。それ以来、この地はサーフィン界の注目の的であり続け、

雑誌の見開きページや映画の象徴的なシーンに次々と登場するようになったのだ。

　レフト（岸から見て左から右に割れる）のパイプラインに対して、同じ波の右側に完璧な精度でブレイクしていくバックドア。そのお隣のポイントオフ・ザ・ウォール。さらに、波のパワーが世界的な基準となるほど伝説的なサンセットビーチや、半世紀以上にわたってビッグウェーブ界の中心に君臨した巨大なワイメア・ベイもある。この湾の波打ち際に炸裂するショアブレイク（岸辺にブレイクする波）も危険を伴う場所だ。昔から何としても避けたい場所だったのだが、今ではボディボーダーと命知らずのカミカゼサーファーが混在し、巨大な洞窟を作り出す波を待ち構えている。

　ロッキーポイント、ログキャビン、ハレイワなど上級者向けスポットや高い技術を要する場所、チャンズリーフ、フレディランド、モンスターマッシュなどの一般サーファーにとってもゆったりと楽しめる場所など、サーフスポットは数多く存在している。

　これらの場所はどこも競争率が高く、そこには厳格なルールがある。昔ほど地元の重鎮が厳しく目を光らせているわけではないが、カメハメハハイウェイを渡る時と同じように、必ず左右を確認してからパドリングしよう。

ワイメア・ベイの美しい大波に乗るマレー・アントニエフ（前ページ・右）。個性的なチーターファイブ（後ろ足でしゃがんで前足を延ばして行なうノーズライディング）でスタイリッシュに波の上を駆け抜けるリア・ドーソン（上）。パイプラインが立ち上がると、自分のものにしようと、波に飢えた精鋭たちが集まってくる（下）。絵葉書のように美しいブアエナポイントのヤシ林（右ページ）。

For Your Information

レベル：中級者から上級者まで。

ベストシーズン：風向きが最適なのは11月から2月。シーズン序盤と終盤はサーファーが少ないが、うねりは十分だ。

持ち物：日焼け止めは必須。島の繊細な海洋生態系への影響を最小限に抑えるため、成分を確認してリーフセーフ（珊瑚に優しい）ブランドを選ぼう。

波がない時にできること：冬場は、まったく波がなくなることはない。しかし海から出たら、ラニアケアビーチでウミガメ観察をしたり、ポリネシア・カルチャーセンターを訪れたりするのもおすすめだ。

地元のアドバイス：パイプライン・マスターズの開催時期に合わせると、サーフィン競技の最高峰を目にすることができる。

おすすめのサーフスポット: i. マウイ島北西部　ii. ハワイ島

NORTH PACIFIC OCEAN
北太平洋

HAWAII
ハワイ

UA NEW GUINEA
パプアニューギニア

Coral Sea
珊瑚海

TAHITI
タヒチ

モンスタージョーズ
の腹の中

アメリカ合衆国
ハワイ州ジョーズ

　マウイ島の北岸に位置する通称ジョーズ（ピアヒ）の巨大なピーク（波の頂点）は、現代のビッグウェーブサーフィンにおけるあらゆる飛躍と変革の震源地としてその役割を担ってきた。

　1990年代初頭、ジェットスキーで大波のスピードに追いつき、サーファーを牽引してその波に乗ることを可能にしたトウインサーフィンがハワイで生まれ、この巨大な波が注目を浴びるようになった。そのセンセーショナルなサーフィンをとらえた映像は、サーフィンの世界にとどまらず、『ナショナルジオグラフィック』誌の表紙から2002年の映画「ジェームス・ボンド」シリーズの『007／ダイ・アナザー・デイ』のオープニングまで、あらゆるところに登場した。そして何年もの間、ジョーズクラスのサイズに挑むにはトウインサーフィンしかない、というのが定説だった。「自転車で貨物列車を捕まえることはできない」と、初期のパイオニアであるデリック・ダーナーは説明している。「パワーは釣り合いが取れていないとうまくいかない」と。

　しかし、2010年代には意見が分かれ、純粋主義者たちにより、従来のパドリングによるサーフィンの復活という形で、この波は、再び舞台の中央に躍り出た。本物の技術と革新的な道具に後押しされ、新しい流派はマウイのモンスター級の巨大な水の壁で何が可能かを見直すことに成功した。やがてサーファーたちは、腕力だけで5階建てビルの高さの波に挑むようになった。トウインサーフィンもまたしても見直され復活することになるのだが、このスポーツの核となる価値観が、永遠に問い返され続ける事態を招くことになったのである。

　最近では、ジョーズを足がかりにして、女性のビッグウェーブサーフィンも脚光を浴びている。何十年もの間、ケアラ・ケネリーはハワイの旗手として、ビッグウェーブ競技における男女平等な代表権と報酬を求めて、海の中でも外でも先頭に立って戦ってきた。勝機を見出したのは2016年11月、初開催のWSL（ワールド・サーフ・リーグ。世界最高峰のプロサーフィン競技団体）ウィメンズ・ビッグウェーブイベント

カイ・レニーは、サーフィン、スタンドアップパドルボード（SUP）（上）など、さまざまなウォータースポーツで賞賛を浴びる、世界で最も評価の高いウォーターマンだ。最近では、これらの技術をビッグウェーブに応用し、巨大な波で空中スピンやバックフリップを披露している（右ページ）。

のために12人の選手がジョーズに挑んだ時のことだ。沖に出た彼女たちは、男性と同様、激しいオフショア（陸から海に吹く風。ほうきではいたように海面を整える）と巨大な波に直面したが、地元のペイジ・アルムスが勝利を収めた。そして彼女は、男性たちよりはるかに少ない報酬を手にして去っていったのである。ケネリーとその仲間たちにとって、このイベントは大きな一歩となったが、まだやるべきことは山積みだった。

さらに2年にわたる熱心なロビー活動を経て、WSLはついに折れ、賞金の平等化を発表した。女性たちは、間違いなく画期的なイベントとなったジョーズに、まもなく戻ってきた。しかし、ケネリーたちがもたらした影響を本当に感じられたのは、ビッグウェーブに挑むことでキャリアを夢見ることができる、次世代の若い女性たちであることは明らかだ。2021年1月、歴史的な大波が海岸に押し寄せ、これまで以上に多くの女性が集団で参加するようになると、早々に賞金が支払われるようになった。

ケネリー、アルムス、アンドレア・モーラーといった常連の選手たちに加え、彼女たちが導いた新しい顔ぶれが何人も参加していた。このイベントのハイライトは、フランス人サーファーのジュスティーヌ・デュポンが、水の壁を下った後、その日最高のチューブに飛び込んだ瞬間だった。彼女が両手を高く上げて飛沫とともにチューブの出口から姿を現した時、白い波と潮騒の轟きに包まれ、ガラスの天井が粉々に砕かれる音が聞こえたことだろう。

巨大なうねりに伴って吹きつけるオフショアの強風でパドリングに手こずる。うまくいけば、アルビー・レイヤー（上）のように垂直なドロップ（ピークからボトムへ降りる）となる。失敗すると波が下に落ちてきて、トム・ドスランド（右ページ）のように波のリップ（今にも崩れそうな波の上部）につかまり、数階分も転落してしまうのだ。

For Your Information

レベル：ジョーズに挑戦できるのは、地球上で最も優れたビッグウェーブサーファーだけだ。

ベストシーズン：11月から2月にかけて、巨大なうねりと最適な風が発生する。

持ち物：長さ6フィート（1.8メートル）のトウボードか、長さ8〜11フィート（2.4〜3.3メートル）のモダンなガンと呼ばれる大波用サーフボードを選ぶのが一般的。

波がない時にできること：ジョーズ以外にも、島にはすばらしいサーフスポットがたくさんあり、冬の間、安定してサーフィンが楽しめる。

エピソード：1975年にここで初めてサーフィンをしたグループが、のちにその時の写真を見て波がサメの口のように見えたことから、ジョーズと名付けられた。

おすすめのサーフスポット：i. オアフ島サウスショア ii. ハワイ島

NORTH PACIFIC OCEAN
北太平洋

HAWAII
ハワイ

NEW GUINEA
ブアニューギニア

TAHITI
タヒチ

Coral Sea
珊瑚海

元祖サーフシティの現代的潮流

**アメリカ合衆国
ハワイ州ワイキキ**

ホノルル郊外、オアフ島のサウスショアに位置するワイキキのリーフは、モダンサーフィンの発祥の地として知られている。しかし実は、この地と波乗り文化のつながりは、かなり昔にまでさかのぼる。

歴史研究家のマット・ウォーショウによると、この地域は古代ハワイで最も人気のあったサーフエリアとして、ハワイ島のコナに次いで2番目に位置付けられるという。1200年頃から、王族や庶民が裸になって海に出て、あらゆる種類の道具でこの穏やかな波に乗ったという。19世紀に宣教師がやってくると、疾病の蔓延による人口の減少や過酷な長時間労働により、海で過ごす時間は減り、さらに「裸で行なう不道徳な娯楽」が禁じられたため、サーフィンの人気は急速に低下した。19世紀末には、ハワイの豊かな波乗り文化はほとんど消滅してしまった。

しかし、20世紀初頭、ワイキキは盛大な復活の舞台となる。ハワイの若者、デューク・カハナモクを中心に、サーフィンを外国人観光客誘致のツールとしてとらえ、新しい為政者がサーフィンを奨励したのだ。1920年代には海外メディアで何度も特集が組まれ、巧みな技を持つローカルサーファーや観光客で埋め尽くされるようになった。その砂浜で、サーフィンインストラクター兼ツアーガイドとして知られる「ワイキキビーチボーイズ」が、のちのサーフィンを中心にしたライフスタイルを確立した。

その後、カハナモクが世界中に波乗りを広める一方で、ワイキキの穏やかな波がメディアに取り上げられることはなくなった。1970年代初頭には、それまでワイキキで楽しまれていたロングボードによるサーフィンが廃れ、サーフィン界の焦点は島の反対側、ノースショアの波へと移っていった。サーフィン雑誌が新しいボードや最先端の技を発表しようと躍起になるあまり、一般のサーファーたちが最も親しみを感じる穏やかな波のスムーズなサーフィンへの関心はすっかり失われてしまったのだ。

このスポーツの発祥地が、再び世界的な影響力を取り戻すのは2000年代に入ってから。再び文化の大転換が必要だったようで、オンラインメディアの普

及と独立系クリエイターの台頭により、こうしたクオリティの高いサーフスポットが再び脚光を浴びるようになった。

今、ワイキキでは、新世代のロングボードライダーが出現し、その才能を存分に発揮している。ケリス・カレオパアやカニエラ・ステュワート にはすぐにスポンサーがつき、競技会では10歳以上も年上のライダーたちを抑えて優勝するようになった。これらの若手の才能は、「アンティ」「アンクル」と親しまれ、尊敬を集める年長者たちに育てられ、助けられ、刺激を与えられてきた。ある人はボード作りを、ある人は沖に出た 時の座り方を教えてくれた。こうして、ワイキキのサーフィンにまつわる歴史の知識を植え付け、その結果、若者たちは勝利を手にしてビーチで喝采を浴びる時、誰のおかげでそこに立っているのか、はっきりと理解するようになったのだ。

海岸線には高層ビル群がそびえ立ち、南側にはワイキキを象徴するダイヤモンドヘッドが見える（21ページ）。地元の名手カイ・サラスが削り出したボードに乗り、迫力と流動性を兼ね備えたケアニ・カヌロ（左ページ）。10代後半にアメリカ本土から移住してきたニケ・ミラーは、波と快く迎えてくれた多様性のあるサーフコミュニティに、すぐに恋をした（上）。

珊瑚礁の起伏ひとつひとつがサーフブレイクになる。上の写真は左から、サンドバー、カヌーズ、クイーンズと呼ばれる。シカゴ出身のヘイリー・オットーは、ホノルア・ブルムフィールドやケリア・モニーツといったハワイのレジェンドサーファーたちに影響を受けたスタイルで、地元で語り継がれる名物サーファーになっている。

For Your Information

レベル：ワイキキには、初級者からトップレベルのリッパーまで楽しめる波が揃っている。

ベストシーズン：オフショアによるうねりが長く続く4月から10月までが絶好のシーズン。

持ち物：ロングボードと、いつも混雑しているピークを狙うための十分な忍耐力。

波がない時にできること：ダイヤモンドヘッドの頂上までハイキング。

エピソード：1906年、ワイキキで初めてスタンドアップサーフィンの映像が撮影された。

おすすめのサーフポイント：i. マウイ島北西部　ii. カウアイ島

NORTH PACIFIC OCEAN
北太平洋

HAWAII
ハワイ

UA NEW GUINEA
パプアニューギニア

Coral Sea
珊瑚海

TAHITI
タヒチ

すべてはライディングのために：

Ride Everything:

The Long and the Short

ロングボードとショートボード

サーフボードはシンプルな道具でありながら、計り知れない喜びを与えてくれる。求める波と同じように、サーファーを魅了してやまない。何十年にもわたり、ボードデザインの変化は私たちのサーフィンに対する見方をも変えてきた。サーフボードには、古代文化において人が初めて波に乗った時から劇的に変わった要素もあるが、逆にまったく変化していない部分もある。

BY JAMIE P. CURRIE

ジェイミー・P・カリー

1948年に撮影された「ノースボンダイ・サーフライフセービング・クラブ」のメンバーたち。当時、オーストラリアではサーフライフセービングが盛んだったため、ボードは大きく扱いにくく、波に乗る際の性能よりもパドリングのスピードを重視して作られていた。しかし、1956年にアメリカのサーファーたちが「マリブスタイル」のボードを持ち込むと、オージーたちはすぐにそのデザインを取り入れた。

シンプルな宝物

　アメリカの小説家ハーマン・メルヴィルは、クジラを追う人々の物語で有名になる以前、波を追う人々の物語も書いた。メルヴィルのタヒチとマルキーズ諸島での旅をもとにした1849年の小説『マルディ：そこへの航海（*Mardi: and a Voyage Thither*）』がそれで、南海の架空の島で語り手がサーファーを観察している。そして、サーフボードが「高い価値を持っていて、使用後は必ず油を塗り、持ち主の住居に目立つように吊るしてある」と記している。

　1891年、ハワイのニイハウ島を訪れたアメリカの化学者で科学書編纂者のヘンリー・キャリントン・ボルトンは、「波乗り用の板」は「注意深く滑らかにされ、ココナッツオイルで頻繁にこすり、細心の気遣いで保存され、時に布に包まれている」と記している。

　ハワイでは、この古く貴重な板は、オロス、アライアス、パイポスと呼ばれていた。ウィリウィリ（ハワイデイゴ）、コア、パンノキの幹から作られ、ナッツオイルで処理されていた。オロボードは長さ20フィート（約6メートル）もあり、非常に重く、ハワイの王族だけが使用を許されていたものだ。崇められる対象でもあり、熟練した職人が作り、儀式や祈祷が必要とされた。

　サーフィンは古代ポリネシアの王族のスポーツとして知られているが、母子や祖父母も一緒に波に乗るなど、社会的にも広く行われていた。ポリネシアにとどまらず、世界各地、水のあるところならどこでも波乗りのコミュニティは形成されていた。1834年、ジェームズ・アレクサンダーはガーナのアクラでサーフィンしている子どもたちを見て、こう書いている。「浜辺から、腹の下に軽い板を持って海に泳ぎ出す少年たちの姿が見えた。彼らは波を待っていた。そして、波が来ると、その上に雲がかかったかのように転がってきた」

　昔から、楽しむためにサーフィンをする人もいれば、移動手段や狩猟のために行なう人もいた。どの世界でも歴史的にも、その土地の環境に合うように、地元の素材とデザインで作られたサーフボードに乗ってきた。

長い時間をかけてサーフボードは大きな進化を遂げたが、ボードがもたらす歓びは変わらない。良いサーフボードはとても魅力的だ。持ち主にとっては、木やグラスファイバーや発泡スチロールに魔法が宿っているのだ。波に乗り、旅に出た思い出も刻まれている。デッキ（ボードの表面）の凸凹や汚れたワックスは、一期一会の不思議な瞬間を物語っている。サーフボードはシンプルな工芸品だが、その価値は部品の組み合わせをはるかに超えている。

進化し続けるサーフボード

サーフボードは長年にわたって長く、重く、木製で、フィンがないデザインで、プランクという名で知られるハワイのオリジナルボードをほぼ継承していた。1920年代後半にアメリカのトム・ブレイクが、基本モデルを中空にしてより軽くしたものを作ったが、サーフィンの人気が高まっているにもかかわらず、ボードの進化は遅々として進まなかった。中空ボードとプランクは1940年代後半まで併存し、使用される木材の種類以外はほとんど変化がなかった。

戦後、アメリカ人サーファーのボブ・シモンズは、その数学的、分析的才能をボードデザインに生かし、今日のボードボトム（底部）のロッカー（ボトムの反り）やボードのレール（両サイド部）をカーブさせることを導入し、そのおかげでシェイプが変化し始めた。彼はまた、木材ではなく、1930年代に発明され戦時中に開発された発泡スチロールやファイバーグラスを初めて採用した。

シモンズは1954年にサーフィン中の事故で亡くなり、彼のボードデザインはホビー・アルターとデイブ・スウィートというカリフォルニアのボード製造者に託された。こうして1956年、最初のポリウレタンボードが生まれたのである。新素材は、サーフボードのデザインと性能に革命をもたらした。ボードはより軽く、操作しやすくなっただけでなく、成形や大量生産がはるかに容易になり、より多くの人々にサーフィンが普及することになった。

1950年代から1960年代にかけては、ほぼすべてのボードが10フィート（約3メートル）以上のロングボードだった。これらのボードは、当時のハワイの貴族たちが目指したサーフィンと、波上のダンスという願望をそのまま受け継ぎ、動作の合理性を追求したものだった。

そして1967年、すべてが変わる。ショートボード革命が、サーフィンの風景を一変させたのだ。その始まりは、カリフォルニア出身のジョージ・グリノーの、短くてずんぐりしたニーボード（膝立ちサーフィン用のサーフボード）だった。今でこそサーフィンの伝説的なアイコンとなっているグリノーだが、当時は彼が乗るボードと同様に風変わ

りな存在として扱われていた。サーフボードが3フィート（約1メートル）短くなった時、グリノーはまるで預言者のようだった。ライダーが波のフェイス（表面）に近付いて乗ることができるため、最初こそインボルブメント・サーフィンと呼ばれていたが、ショートボードへの移行はおそらくサーフィン史上最も衝撃的なできごとだった。それは単にサーファーの足もとを変えただけでなく、サーファーの波に対する認識を完全に変え、よりタイトなターンや切り立った波の斜面へのドロップを可能にし、最終的にはチューブに入る方法を見出した。こうなるともう後戻りはできない。

このショートボード革命は、この時代のサーフィンを定義する先鋭的な意識の試金石となった。人々はサーフボードでもっと速く走りたい、混雑した退屈なビーチからもっと離れたいと思うようになる。サーフィンは、それまでかっこ良さの象徴だった「マリブスタイル」から大きく羽ばたいていくことになるのだ。

1970年代、ボードデザインの変化は、サーフィンのパフォーマンスの進化にも影響を与え続けた。どんどん短くなるボードは未知の領域を指し示し、ショートボード革命はライディングスタイルに決定的な変革を与えた。そしてハワイのジェリー・ロペスが、それこそが最高レベルのサーフィンの特徴なのだと証明していった。彼の象徴でもあるライトニングボルト、稲妻マークのサーフボードを使ったパイプラインでのパフォーマンスは、現在も夢のように語り継がれる。大きな洞窟のようなチューブの中から、あたかも禅マスターのように両腕を垂らして、悠然とリラックスしたスタイルで出てくるロペス——。

1980年代、ショートボードのデザインはより洗練されたものになったが、革命の嵐の後には穏やかな成長期が待っていた。ロッカー、レール、コンケーブ（水の流れを良くするためにボードのボトムに施す凹み）などに細かい調整が施され、テール（ボードの後端）の形状も、スクエア、スクワッシュ、ラウンド、ピン、スワロー、ダイアモンド、フィッシュとさまざまなタイプが誕生し、試された。最も大きな進化を遂げたのは、フィンのデザインだ。80年代初頭まで、サーフボードはシングルフィンが一般的だった。ツインフィンはそれ以前にもシモンズやグリノーたちの先鋭的なデザイナーによって、散発的に存在していたが、1979年から1982年にかけて、オーストラリアのマーク・リチャーズがオリジナルのツインフィンデザインのボードで4年連続で世界タイトルを獲得してから、人気が急上昇したのである。1981年には、同じくオーストラリアのサイモン・アンダーソンが、スラスターと呼ばれる3枚フィンのサーフボードを開発し、1982年にはグレン・ウィントンが4枚のフィン

をデザインするに至った。

歓迎されない進化

1990年代初頭には、トップレベルのサーファーにとって有益だが、ほとんどの人にはうれしくないボードデザインの時代が訪れた。サーフボードの長さは6〜7フィート（1.8〜2.1メートル）だったが、ほとんどが薄く、狭く、ロッカーのカーブが強いものばかりになった。この時代のボードはポテトチップスと呼ばれていたが、普通のサーファーは本物のポテトチップスでサーフィンをしたほうが上達できたかもしれないというシロモノだった。プロが好むそれらのボードは、ホレ上がり（フェイスが切り立ちチューブを巻く状態）高速でブレイクする波には適しているが、カジュアルサーファーや初級者には乗りこなせないデザインだった。しかし、サーフショップの商売人たちは、とにかくそれを売っていた。

この時代を象徴するサーファーが、ケリー・スレーターだ。多くの人が気づいていないことだが、スレーターは身長175センチ、体重約72.5キロで、桁外れにパドルに向いた筋力や運動神経を持ち、これまでにないレベルのスキルを備えたサーファーだ。私たち一般人からすれば、スレーターのようなボードに乗ることは、F1カーをスーパーマーケットに持ち込んで、商品棚の通路を操縦するようなものだった。

回帰するスタイル

自然界には、ものごとは円を描くように動くという法則がある。デザイントレンドも同じこと。私たちは見過ごしたものを探しに、結局、再びもとに戻るのだ。1990年代後半から2000年代初頭にかけて、サーファーたちは昔のボードを見直すようになった。

ポテトチップスデザインが有名サーファーの間で流行したように、レトロなデザインにも回帰し、現在のボードのような使いやすいシェイプに進化した。そんなボードに乗る有名な例が、最も美しくスタイリッシュだと言われるサーファー、トム・カレンだ。かつて競技の世界を先鋭的なデザインとスタイルで牽引していたカレンは、現在も革新的なデザインのボードや新しい乗り物を試し、サーフィンが楽しさと親しみやすさを取り戻すための道を切り開いた。デイヴ・ラスタヴィッチやロブ・マチャドのようなフリーサーファーも、そんな新しいボード選びの未知を選択し、この傾向に拍車をかけた。

現在では、初級者向けにデザインされた発泡スチロールのボードなら、どんなにハードな波でも楽しめることを世界に示すジェイミー・オブライエン、どんなボードでもどんな波でも最高に楽しく見

サーフボードは不思議な道具だ。見た目はローテクで驚くほどシンプルなのに、
その奥に謎を秘めている。完璧なサーフボードとは何か。それは誰も語ることはできないのだ。

せてくれるハワイのメイソン・ホー、サーフマットで波を捕まえるジョージ・グリノーなどのユーチューバーが人気で、彼らのおかげであらゆる波に対応するボードが登場してきた。

マジックボード

サーフボードは不思議な道具だ。見た目はローテクで驚くほどシンプルなのに、その奥に謎を秘めている。誰も本当の意味で完璧なサーフボードとは何かを語ることはできない。波によって適したデザインはあるが、決まったサイズはない。さらに製造工程も複雑で、同じものは2つとない。コンピューターによる設計や機械による成形が行なわれても、ほとんどのサーフボードは人の手を介しているのだ。素材を機械でカットしシェイプしたとしても、それにグラスファイバーを巻きサンディングという磨き上げる作業をするのは人間だ。この仕上げの工程いかんで奇跡のボードになるか、ダメになるかが決まる。

このような製造上の不安定さと、進化し続けるデザイン理論が「マジックボード」という概念を根付かせる要因となった。経験則ではなく、直感に基づくマジックボードは、多くのサーファーにとって説明も予測もできない錬金術であり、彼らはただボードがしっくりくるのを感じるだけなのだ。

すべてはライディングのために

今日のボードデザインは、かつてないほど多種多様なものとなっている。あらゆる海域に対応するボードがあり、どれが適しているかを決めるのは想像力だけだ。あらゆる形やサイズの「伝統的な」サーフボードの他にも、フィンレスボード、サーフマット、ハンドプレーン、ベリーボード、SUP、フォイル、スキムボード、ボディボードなどがある。サーフボードには見えないものさえある。しかし個人の美意識に関係なく、その目的はほとんど変わらない。数十年にわたるボードデザインの歴史を振り返ると、それぞれの時代特有のスタイルが浮かび上がってくる。

グライディング、トリミング、カットバック、カーブ、リッピング、シュレッディング、ハッキング。今日、私たちはそんな技をすべて、波の上で行なっている。サーフィンは必ずしも鋭いターンやスピードが要求されるわけでない。重要なのは、そこにいることだ。多くの人は、ただ海の中にいることを大切にしているのだ。そう考えると、サーフィンはそのルーツに戻ったと言っても良い。サーフィンの歴史研究家であるマット・ウォーショウは、大作『サーフィンの歴史 (The History of Surfing)』の最終章で、さまざまな変化があったにもかかわらず、ある視点から見ると「このスポーツはほとんど変わっていない」と述べている。「現在、女性や白髪のシニアがサーフィンに興じているが、それは古代への回帰なのだ」。

ケリー・スレーターはプロとしてのキャリアを通じて、常に新しいサーフボードのコンセプトや形を試してきた。最初はボードメーカーのチャンネルアイランズと長年のパートナーシップを結び、ついにスレーター・デザインという自身のレーベルを立ち上げるまでになった。デーン・レイノルズが、チャンネルアイランズの「ダンプスター・ダイバー」5フィート6インチバージョンで、バックハンドターンを決める。

恐怖の先にある
究極のエクスタシー

**フランス領ポリネシア
タヒチ　チョープー**

　チョープーの波ほど、恐怖と畏怖の念を抱かせる波はないだろう。タヒチ島の南端に位置するこの地の名は、直訳すると「割れた頭蓋骨の穴」という意味だが、この言葉がここでのサーフィンの危険性を物語っている。このスポットのユニークな四角いチューブは、海底のリーフが急角度であることにより発生している。深海から押し寄せたうねりは、腰ほどの深さの珊瑚の上で突然その動きを止められ、行きどころのなくなった何百トンもの太平洋の水は、持ち上げられて前方に傾き、巨大なハンマーのように浅瀬の水面めがけて落下する。

　チョープーの伝説を語る上で同じく欠かせないのが、蛇行している海底の地形だ。その地形から生まれた静かな水路は、水上バイクやボートが安心して航行できる場所で、カメラマンがチューブから吐き出されるスピッツ（飛沫）を感じるほど近づけるようになった。横から波の口を覗き込むようなアングルで撮影することで、陸からのアングルでは決して表現できない迫力を伝えることができるのだ。

　この神聖なる海から、現代サーフィンの象徴的な瞬間が数多く撮影されてきた。中でもミレニアムウェーブを制覇したハワイの勇者、レイアード・ハミルトンのトウインサーフィンはあまりにもセンセーショナルで、彼自身、海の中で感動の涙を浮かべるほどのものだった。この映像が世界に公開されると、その後何十年にもわたって続く、波の正面がえぐれるスラブ（大きくハードで危険な波）の探求が始まった。

　もうひとつチョープーといえば、2016年のケアラ・ケネリーのサーフィンが有名だ。彼女は、ここのリーフで顔を切り裂いた事故のわずか数年後に、女性として初めてのビッグウェーブ賞「バレル・オブ・ザ・イヤー」を受賞した。

　最近では、タヒチの若い世代がチョープーで活躍するようになった。コロナ禍による一連の渡航禁止措置のおかげで、それまでのような世界各地に挑戦しに行く戦いから、サーファーたちが解放されたおかげだ。今、巨大な波が押し寄せると、ハミルトンの奇跡的なミレニアムトウインに匹敵するようなチューブにチャレンジするローカルサーファーたちの姿が見られるが、その多くはハミルトンの偉業時に生まれたばかりの若者だ。世代交代という面では一巡したと言えるが、彼らの才能を見ていると、ライディングの進歩の物語はまだまだ終わりそうにない。

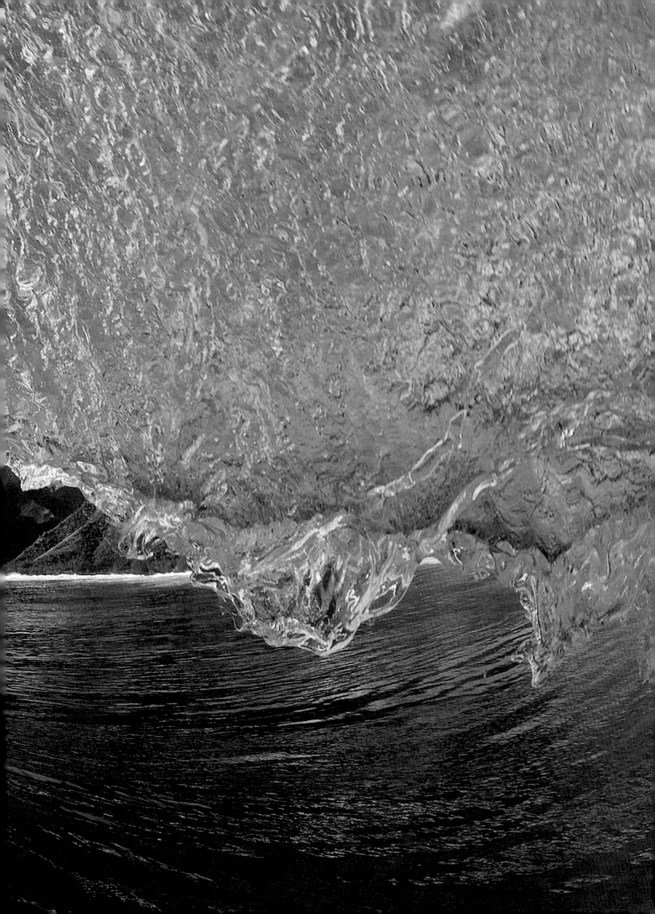

不動の人気を誇るサーファー、ライマナ・ヴァン・バストーラーがモンスターの腹に閉じ込められる（35ページ）。巨大な波がやってくると、サーファーたちはその山のようなうねりを乗り越えようと必死にパドルして沖へと向かうが、避けるべき悪夢は時に現実のものとなり、間に合わなかった者たちは、巨大な滝が作り出す後方の大渦に引きずり込まれる（下）。西向きに割れる巨大な波のボウル（波が巻き上がってバレルになる部分）にしがみつくシェーン・ドリアン（右ページ）。

For Your Information

レベル ： サーフィン上級者ならば、波が頭くらいの高さの日なら何とかなる。それ以上の高さの日はエキスパートのみに許される禁断の波。

ベストシーズン：4月から10月が最大の波のシーズン。

持ち物：ピンテール・サーフボードとサーフィン用ヘルメット。

波がない時にできること：山歩き、シュノーケリング、ヤシの木の下でのんびり。

エピソード：タヒチ人が最初に乗ったであろう巨大な波は、1980年代後半にプロのボディボーダーであるマイク・スチュワートとベン・セバーソンによって制覇され、公式に記録された。

おすすめのサーフスポット：i.モーレア島　ii.ライアテア島

PAPUA NEW GUINEA
パプアニューギニア

Coral Sea
珊瑚海

TAHITI
タヒチ

SOUTH PACIFIC OCEAN
南太平洋

Tasman Sea
タスマン海

NEW ZEALAND
ニュージーランド

パプアニューギニアで
生まれ変わる伝統

パプアニューギニア

メラネシアの北西端に位置するパプアニューギニアは、古代の文化と豊かな生物多様性で知られている。沖合には多種多様な熱帯特有の波が割れていて、伝統に根ざしたサーフコミュニティが存在している。

本土と外洋の島々には、波乗り可能なポイント、広大なビーチ、良い波を生みだすリーフが点在し、木の幹からバランと呼ばれる手彫りボードを操るローカルたちに、古くから愛されてきた。最近では、観光客が残したグラスファイバー製のボードが主流になっているが、ローカルサーファーたちは、それを使って自分たちの祖先の技を再現しようとしている。トゥピラ・サーフビレッジには、サーフボードをシェイプする作業場が設置され、地元の豊富なバルサ材を使って最新のボードを製造するグループがある。10年以上にわたる彼らの努力は、島のサーフィンの伝統を守り、この地に寄付に頼らずにすむ産業を誕生させただけでなく、世界で最もシンプルでサスティナブルなサーフボードの流通機構を作り上げることに成功した。

こうした彼らの取り組みは、この国にサーフツーリズムで支える力をつけさせただけではない。1989年、パプアニューギニア・サーフィン協会は各エリアの管理権を、そこに隣接するローカルコミュニティに委ねるという独自の方式を確立した。サーフィンを楽しむために少額の料金を払い、その人数も管理される。シーズン終了後、それぞれの村は集めた資金を水の衛生環境の改善や新しい校舎の建設など、地域のプロジェクトのために使用する。

サーフィンを有料化することに抵抗を感じる人もいるかもしれないが、ここでは地域社会がサーフツーリズムから直接利益を得ることができ、他の南太平洋地域のサーフスポットに見られるような危険な過密状態を回避することができるのだ。鉱業や違法伐採による環境破壊が広がる中、この制度は先住民のコミュニティが海岸線を保護することで、金銭的利益を得る方法を確保している。パプアニューギニア国内にとどまらず、この成功が南太平洋の他の新興サーフリゾートにも良い影響を与えることが期待されている。

ウェワクの町には、熱心なローカルサーファーたちの小さなコミュニティーがある（左ページ）。ゆったりした乗りやすい波から、高速でチューブ状になるものまで、注目のポイントやリーフブレイク（海底が岩礁または珊瑚礁の、地形があまり変化しない場所でブレイクする波）がいくつもある（上）。イタリア人サーファー、レオナルド・フィオラバンティがヤシの木の高さを超えるほどのエアで魅せる（下）。

リーフから離れた場所でボートからパドルアウトすると、地元の村の子どもたちがそのショーを見に大きな流木の上に集まってくる。サーファーがテイクオフ（波をとらえサーフボードに立ち上がる）するたびに、子どもたちは歓声を上げ、笑いに沸く。「子どもたちの好奇心と汚れのない熱意を目の当たりにして、純粋で爽快な気持ちになった」と、写真家のライアン・クレイグは米『サーファー（*Surfer*）』誌（上）で回顧している。

For Your Information

レベル：初級者から上級者まで 。

ベストシーズン：11月〜4月。腰からオーバーヘッド（背丈より高い波）まで絶えず波がある。

持ち物：ＵＶカット素材の長袖Ｔシャツ。

波がない時にできること：「シングシング」に参加しよう。伝統的な衣装に身を包んだ部族が、先祖伝来の踊りと歌を披露する。

エピソード：2017年、トゥピラ・サーフビレッジで、同国初の国際サーフィンイベント「クムル・ワールド・ロングボード・チャンピオンシップス」が開催された。

おすすめサーフスポット：i.ニュージョージア島（ソロモン諸島）　ii.ニューアイルランド州カビエン

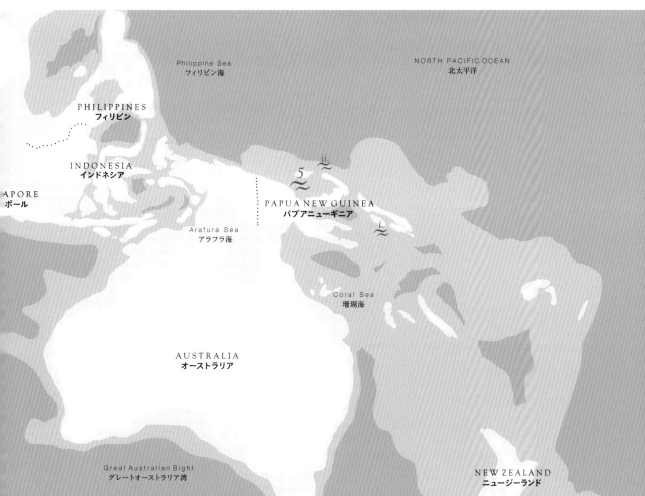

ニュージーランドの
パーフェクトな半島

ニュージーランド
コーラマンデル半島

　人口が少なく、変化に富んだそのドラマチックな地形から、地球上で最も美しい国のひとつと言われるニュージーランドは、サーファーにとっても天国だ。

　コーラマンデル半島は、ニュージーランド北島の北東の端に突き出ている。幅が狭く、最も広いところでも40キロで、人口の大半は沿岸部に住んでいる。内陸部には山が連なり、森林が多い。大都市であるオークランドに近いにもかかわらず、荒涼とした雰囲気が漂っている。

　オークランド近郊ということもあり、コーラマンデルは1950年代からサーフィンが盛んな地域だった。西海岸はハウラキ湾に守られているが、東海岸の多くの湾やビーチは南太平洋のうねりにさらされている。サーフスポットの数も種類も圧倒的に多いので、現在でも、人知れずブレイクする波を見つけることも

できる。

　この海岸には、リーフブレイク（海底が岩礁または珊瑚礁の、地形があまり変化しない場所でブレイクする波）やビーチブレイク（海底が砂地の場所でブレイクする波）など質の高いサーフスポットがたくさんある。中でも特におすすめなのが、ファンガマタの町のファンガマタビーチだ。オタフ川の河口に堆積した土砂が生み出すレフトブレイクが主流で、「ザ・バー」と呼ばれている。伝説のサーファー、ジェリー・ロペスが「太平洋の宝石」と表現したこの地では、チューブライディングもリッピング（オフザリップを行なう）も自由自在だ。すぐ近くに続くファンガマタのメインビーチでは、レフト（岸から見て左から右に割れる）とライト（岸から見て右から左に割れる）共にさまざまな波が楽しめ、コーラマンデルで一番にぎわっているスポットだ。

　コーラマンデル半島では、美しいビーチブレイクが多い。この地域にあるホットウォータービーチは、質の高い波ばかりか、地質学的にも興味深い。海岸にある温泉が人気のバケーションビーチで、沖合ではチューブのある楽しい波が立つ。その他、テ・カロ・ベイ、タイルア、パウアヌイ、クアオトゥヌのビーチも良い。これらのサーフスポットは、幅広いレベルのサーファーやさまざまなタイプのボードで楽しめる波がブレイクしている。

サイクロンは何の前触れもなく巨大なうねりをもたらす（48ページ）。アッシャー・ペイシーとジェイソン・ソールズベリーは、トウモロコシ数本とさまざまなサーフボードを手に海岸へ向かう（49ページ）。長く乗れるレフトの波が連なるファンガマタ（上）。マット・ヒューイットはチューブの奥深くをキープしている（下）。ディラン・グッドエイルがグラブレール（サーフボードのレールをつかむ）で際どいテイクオフを成功させる（右ページ）。

神話となった地元の伝説やアンダーグラウンドな雰囲気を楽しみたいなら、ニュージーランドのサーフコミュニティは絶好の場と言える。ここでは、異端児ランギ・オーモンドがその代表格だ（下）。半島の北東に位置するオルアの海岸線は「豊穣の角」のような荘厳とも言える地形で、国内最大級の海中洞窟（右ページ）も見られる。

For Your Information

レベル：初級者から上級者まで。

ベストシーズン：波のある5月から9月、暖かい12月から3月。

持ち物：しっかりしたレンタカー（四輪駆動車が理想）。

波がない時にできること：ホットウォータービーチでお湯のプールを作ったり、温泉リゾート、ロスト・スプリングを訪れるのもおすすめ。波が来るのをのんびり待つのも良い。

地元のアドバイス：森で迷子にならないように。

おすすめのサーフスポット：i. タラナキ　ii. ギズボーン

PAPUA NEW GUINEA
パプアニューギニア

Arafura Sea
アラフラ海

TAHITI
タヒチ

Coral Sea
珊瑚海

AUSTRALIA
オーストラリア

SOUTH PACIFIC OCEAN
南太平洋

Australian Bight
トオーストラリア湾

Tasman Sea
タスマン海

NEW ZEALAND
ニュージーランド

ワイルドウエスト。
西オーストラリアの
代表スポット

オーストラリア
マーガレットリバー

インド洋に面しているにもかかわらず、西オーストラリア州の州都パースには、特筆に値する波はない。しかし、3時間南に下ったマーガレットリバーには、西オーストラリア州でも有数のすばらしいサーフスポットが点在している。

1950年代、都会のサーファーたちの口コミで、農場、ブドウ園、ユーカリの森が広がる牧歌的なマーギー（マーガレットリバーの愛称）の地に人が集まり、サーフコミュニティが徐々に形成され始めた。以来数十年、それぞれの集落は、トップレベルのプロサーファーや有力者、ウォータースポーツを生業とする人などで構成され、その多くが海から収入を得て、余暇は海で遊ばせてもらいながら謙虚に過ごす人々だ。

冬の間、この地域にある十数カ所のサーフポイントでは、「吠える40度線」と呼ばれる世界有数の強風海域、南緯40度線からの強烈なうねりが轟音とともに押し寄せる。そのうねりは浅い石灰岩の岩棚や固く堆積した砂地などさまざまな場所に炸裂し、長い旅を終える。その波のハードさは、高度な技術と運動能力、そして不屈の精神が必要なものばかりである。

最も有名なのは、マーガレットリバーのメインブレイクに割れるAフレーム（きれいな三角形をしたうねり。頂点から左右に割れ波となった状態）のピークだ。サーフィンに適した長い壁は最大16フィートにまで達し、最後のセクションは「外科医のテーブル」と呼ばれる険しい岩棚で、これはこの地域特有の不吉な名称を持つ地形のひとつにすぎない。

1970年代初頭、このスポットには、リーシュ（流れ止め）なしの重いシングルフィンのボードで波に挑む熟練のサーファーたちがよく訪れていた。イアン・"カンガ"・カーンズもそのひとりで、彼が1970年代後半に聖地ハワイのノースショアで実力を発揮し、大きな波が押し寄せるサンセットビーチを攻略できたのは、マーガレットリバーでの経験が培った大胆さがあったからにほかならない。彼は悪名高き「バスティン・ダウン・ザ・ドア（70年代にノースショアを席巻したオー

ジー旋風の俗称)」時代の中心人物で、激しい競争と進化の時期でもあり、それはその後何十年も世界のサーフィン文化に大きな影響を与えた。

1980年代初頭、カーンズはザ・ボックスと呼ばれる波に挑戦していた。メインブレイクのすぐ先で割れる、短く鋭い箱のような大きなチューブを作り出すスラブだ。しかし、その後10年にもわたって、このスラブの凄まじさを世界にアピールしたのはローカルのボディーボーダーたちだっ

た。代表格は、70年代のメインブレイクの名サーファーの息子であり、ローカルのサーフ王国の一角を担うボディーボーダー、ライアン・ハーディだ。彼の兄ジーンもまた、優れたウォーターマンで、メジャーなサーフィン誌とボディボード誌の両方の表紙を飾った世界で唯一のウェーブライダーと言われている。ジーンは妻のサニーとともに、高い意識を持ってハーディ家の次世代を育てている。そのひとりが、わずか15歳ですでに

オーストラリアで最も人気のある新進気鋭ライダーのひとりとなった娘のウィローである。

ジュニアツアーに参加する同世代の選手は、ほとんどが世界を旅しているのに対し、ハーディは地元オーストラリアでその才能に磨きをかけてきた。半世紀前のカーンズのように、マーギーズ周辺のワイルドな波が彼女の成長を後押ししているようだ。毎日良いライドができるのだから、ほかの場所に住みたいと思うわけがない。

15歳のウィロー・ハーディ、レフトのスラブでドロップを決める(55ページ)。マーガレットリバー出身のジャック・ロビンソンは、近年、オーストラリアを代表する男性サーファーとして注目される。リラックスしながらザ・ボックスの巨大なチューブを攻める(左上)。ボナラップ・フォレストをハイキングするフェリシティ・パルマテールとミア・マッカーシー(右上)。ローカルのシェイパー(サーフボード製造工程でウレタンフォームからボードの形を削り出す職人)、マット・バーシーと彼が生んだ個性的な逸品の数々(左下)。

キャンプ中のフェリシティ・パルマテールとミア・マッカーシー（上）。バックミラーに映るマーギーズのメインブレイク（下）。伝説のシェイパー、マット・マナーズを父に持つショーン・マナーズはレールを巧みに使って、チューブを抜け、リップの上を高く飛ぶという驚くべき能力を発揮し、この地域で最も攻撃的なフリーサーファーに成長した（右ページ）。

For Your Information

レベル：中級者から上級者。

ベストシーズン：波は一年中ある。冬（6月〜8月）の波が最も大きく、秋（3月〜5月）は海水も澄んで、多くのサーファーを魅了する。

持ち物：ローカルでは、長さ7フィート（2メートル）前後の太いピンテールや、ホールド感のあるハードレールが好まれている。

波がない時にできること： マーガレットリバーの壮大な洞窟を探検しよう。世界的に有名なワイナリーを訪れるのもおすすめだ。

地元のアドバイス：サーファーズ・ポイントの駐車場からサーフチェックを始めると良い。メインブレイクを含む6つのポイントを見渡すことができ、ローカルがチェックすべき場所を教えてくれる。

おすすめのサーフポイント：i. ノースウエスト・コースト　ii. アルバニー

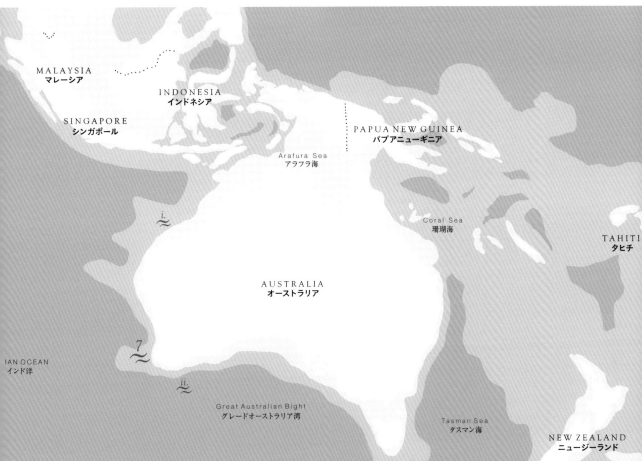

自然界が作り出す
最も厄介な段差

**オーストラリア
シップスターン・ブラフ**

　タスマン半島の南東端にそびえる船尾型の断崖の
下には、岩が散乱した台地が階段のように連なって
いて、眼下に広がる荒涼とした海へと下りていく。そ
の麓からほんの数メートルのところに、サーフスポッ
トとは呼べないような奇妙な波がある。このシップ
スターン・ブラフ（ローカルにはシッピーズと呼ばれ
る）が特筆すべきビッグウェーブとなったのは、まさ
にその数々のミュータント（変異）のためだ。シップ
スターン・ブラフでは、波に乗っている間、波のフェイ
スに大きな段差ができる。それは癖が強く、状況が
散発的に変異する波で、サーファーはいきなり宙に
放り出されたり、水の谷底に巻き込まれたりすること
で知られている。

　誰が最初にこの波を見てサーフィンをしたかとい
う点では意見が分かれるところだが、1990年代後
半にタスマニア人の大物サーファーであるアンディ・
キャンベルが開拓したというのが大方の見解だ。彼
は何年も前から、鬱蒼とした茂みを2時間かけて歩
き、カメラもジェットスキーもない中、ただただスリ
ルを味わうために単独でチューブに入って午後のひ
と時を過ごしていた。2000年代に入ると、キャン
ベルはオーストラリア人のプロサーファーを数人招き、
2001年には豪『トラックス（*Tracks*）』誌上でこの波
が世界に公開された。かつてハワイを制覇したプロ
サーファーのキーレン・ペローは、岩場から飛び込ん
だ際に唇を切り、シッピーズの洗礼を受けた。「ここ
はサメが多く、理想的な場所ではない」と彼は発言し
ているが、それとは裏腹に事態は急転し、その時の
写真はサーフィン界に衝撃を与えた。

　のちにキャンベルはこの地を離れ、ボードとバック
パックをカメラと防弾チョッキに持ち替えてシリアに
向かい、2010年代の終わりには他のローカルたちが
この地を支配するようになった。写真家のスチュ・ギ
ブソンによると、病院勤務のマイキー・ブレナンは常
に傑出した存在で、その驚くべきチューブライディン
グだけでなく、この波の最も恐ろしい特徴を遊び心
たっぷりに操り、波が半ば強制的にブレナンを空中
に飛ばすと、グラブレールで360度スピンを決めて見
せた。

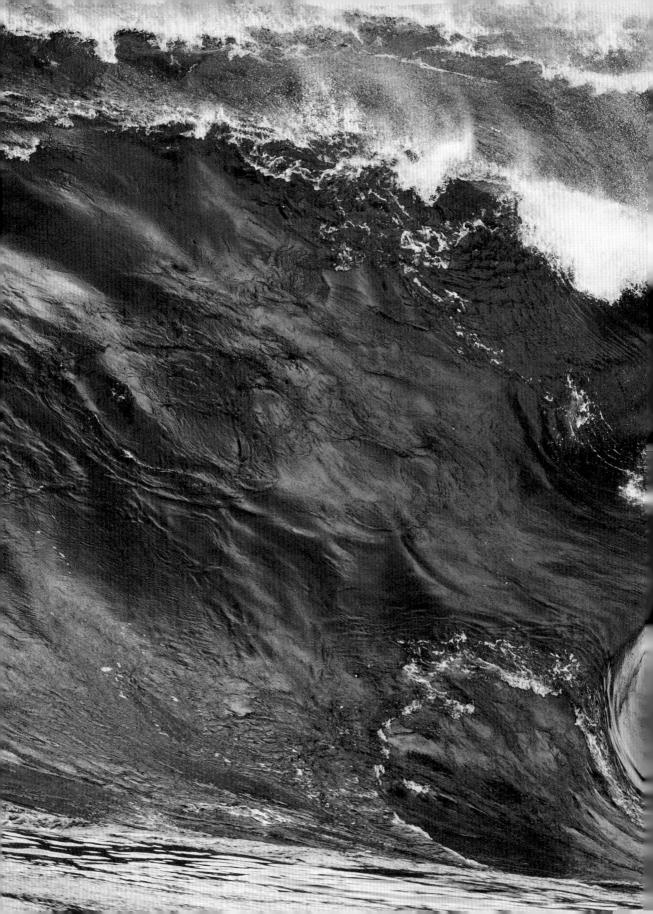

シップスターンの凸凹の「階段」を進むマイキー・ブレナン（62−63ページ）。波を見下ろす断崖の一部が最近崩壊し、下の岩盤には小石や巨大な岩が散乱している。ここで波待ちするのは以前から厄介だったが、さらなる危険要素が加わった（上）。チューブの中のローラ・エネヴァーは、オージーでトップクラスの海のカウボーイ（下）。

For Your Information

レベル：スラブジャンキー専用。

ベストシーズン：4月〜10月に最も大きな波が押し寄せる。

持ち物：冬場の水温は摂氏12度前後なので、厚さ5×3ミリのウェットスーツとブーツ、特に寒い日にはフードや手袋が必須アイテムだ。

波がない時にできること：近隣の島々の波をチェックしたり、タスマニアを有名にしたブッシュウォークに挑戦するなど、冒険心を刺激しよう。

地元のアドバイス：夏場はシッピーズへの道中、蛇に注意し、飲料水を忘れずに。

おすすめのサーフスポット：i. タスマニア北海岸　　ii. タスマニア東海岸

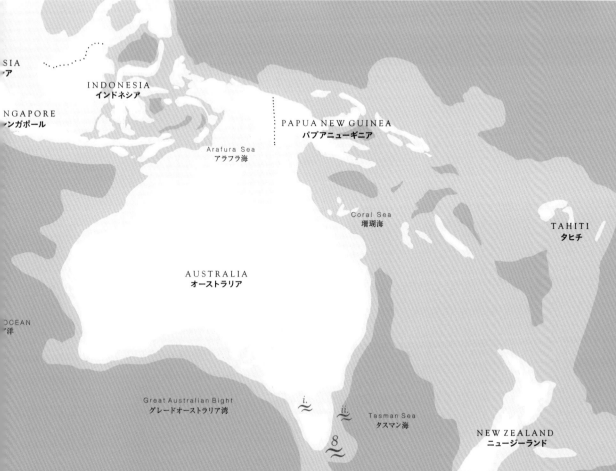

SIA
ア

INDONESIA
インドネシア

NGAPORE
ンガポール

PAPUA NEW GUINEA
パプアニューギニア

Arafura Sea
アラフラ海

Coral Sea
珊瑚海

TAHITI
タヒチ

AUSTRALIA
オーストラリア

OCEAN
洋

Great Australian Bight
グレードオーストラリア湾

i.

ii.

Tasman Sea
タスマン海

8

NEW ZEALAND
ニュージーランド

NORTH ATLANTIC OCEAN
北大西洋

MOROCC
モロッコ

6

CANARY ISLANDS (SPAIN)
カナリア諸島（スペイン領）

WESTERN SAH
西サハラ

MAURITANIA
モーリタニア
SENEGAL
セネガル
THE GAMBIA
ガンビア

3

GUINEA-BISSA
ギニアビサウ

GUINEA
ギニア
SIERRA LEON
シエラレオネ
LIBE
リベ

アフリカ

1 南アフリカ　ケープタウン　　　　7 マダガスカル
2 ナミビア　スケルトン湾
3 セネガル　ダカール
4 ガーナ
5 ナイジェリア　タルクワ湾
6 カナリア諸島（スペイン領）

SOUTH ATLANTIC OCEA
南大西洋

TUNISIA
チュニジア

Mediterranean Sea
地中海

ALGERIA
アルジェリア

LIBYA
リビア

EGYPT
エジプト

Red Sea
紅海

MALI
マリ

NIGER
ニジェール

CHAD
チャド

SUDAN
スーダン

ERITREA
エリトリア

DJIBOUTI
ジブチ

BURKINA
FASO
ブルキナファソ

BENIN
ベナン

NIGERIA
ナイジェリア

CENTRAL
AFRICAN REPUBLIC
中央アフリカ共和国

ETHIOPIA
エチオピア

SOMALIA
ソマリア

GHANA
ガーナ

TOGO
トーゴ

4

5

CAMEROON
カメルーン

EQUATORIAL GUINEA
赤道ギニア
SÃO TOME
AND PRINCIPE
サントメ・プリンシペ

REPUBLIC
OF CONGO
コンゴ共和国

UGANDA
ウガンダ

KENYA
ケニア

INDIAN OCEAN
インド洋

TE
OIRE
ボワール

GABON
ガボン

DRC
コンゴ民主共和国

RWANDA
ルワンダ

BURUNDI
ブルンジ

TANZANIA
タンザニア

MOZAMBIQUE
モザンビーク

ANGOLA
アンゴラ

ZAMBIA
ザンビア

MALAWI
マラウイ

MADAGASCAR
マダガスカル

ZIMBABWE
ジンバブエ

2

NAMIBIA
ナミビア

BOTSWANA
ボツワナ

ESWATINI
エスワティニ

7

LESOTHO
レソト

SOUTH AFRICA
南アフリカ共和国

1

アフリカ大陸南端の
チューブ

南アフリカ共和国
ケープタウン

　南アフリカの3つの首都のひとつであるケープタウンは、南アフリカ最古の都市で、ヨハネスブルグに次いで2番目に大きな町だ。アフリカ大陸の先端に位置し、白砂のビーチが広がる国際色豊かな町並みに、ドラマチックな山々がそびえている。サーファーの視点では、ケープタウンはすべての人が楽しめる場所だ。初級者やロングボード向けの穏やかなビーチブレイクから、壮大なチューブで有名なダンジョンズのような世界的な大波スポットまで、あらゆるレベルのサーファーが楽しめる波に恵まれ、その種類は実に豊富だ。

　ケープ半島の特徴は、そこかしこで周期的に大きな波がやってくるので、一年中いつでもどこかで乗れる波を見つけることができること。さらに、沖合いの岩棚でもスポットが見つけられる可能性も高い。一番おすすめなのは、ケープタウンの南だ。ザ・ウェッジと呼ばれる波が町に最も近いスポットで、防波堤のそばで波が割れるのだが、ほんの少し離れたところにもっと良いスポットもある。それがミューゼンバーグ（別名サーファーズコーナー）で、この地域で最も有名なスポットであり、アクセスも非常に良い。岬の東側に位置し、あらゆるレベルに対応できる複数のピークがある。その真逆に位置する西側には、ザ・ホーク、デューンズ、ロングビーチなどのスポットが集中している。これらのスポットでは、ワールドクラスのAフレーム、ビーチブレイクチューブから、ビギナー向けの穏やかなものまで、多彩な波が楽しめる。

　南アフリカのサーフィンといえば、J・ベイ（ジェフリーズ・ベイ）とケープ・サン・フランシスを紹介しないわけにはいかない。世界有数の長いチューブとロングライディングが可能で、60年代半ばに公開されたブルース・ブラウン監督のサーフドキュメンタリー映画『エンドレスサマー（*Endless Summer*）』にも登場し、一躍有名になった。この岬周辺にはほかにも、旅するサーファーの目につきにくい波もある。どの半島でも同じだが、海岸線をドライブしてみるのが一番だ。どんな波に出会えるかわからない。

　ケープ半島周辺の水温は、季節による変化はあまりない。冷水地と言えるほど冷たくはないものの、水温は摂氏14から16度と常に低いので、ウェットスーツは欠かせない。

69

グラント・"ツイギー"・ベイカーは南アフリカを拠点に活動した後、マーヴェリックス（カリフォルニア）、ナザレ（ポルトガル）、プエルト・エスコンディード（メキシコ）を制し、地球上で最も優れたビッグウェーブサーファーのひとりとなった。しかし、ダンジョンズは今でも彼のお気に入りの場所だ（左ページ）。水晶の洞窟で毅然と立ち上がるジャラッド・ハウゼ（上）。マイキー・フェブラリーが、生まれ育ったコメキーにほど近いビーチを歩く（下）。

ロングビーチを北上し、クロンズとデューンズのサーフブレイクを通り過ぎて、雲に覆われたチャップマンズ・ピークとテーブル・マウンテンを臨む（72–73ページ）。ダンジョンズから半マイルのところで、珍しく出現した大波を切り裂くグラント・"ツイギー"・ベイカー。2008年に撮影されたこの波はなんと61フィートもあったと言われており、現在でも南アフリカで最大級の波として知られている（上）。

For Your Information

レベル：初級者から上級者まで。

ベストシーズン：ケープタウン周辺のスポットは一年中いつでも楽しめる。冬の波は強烈だが、夏は南東の貿易風の影響でケープ半島西部の多くのスポットがオフショアが吹き、良い波となる。

持ち物：厚さ4×3ミリのウェットスーツ

波がない時にできること：ケープ半島の象徴、テーブル・マウンテンをハイキングしよう。カイトサーフィンやウィンドサーフィンもおすすめだ。ケープ半島の夏は風が強いことで知られており、風を利用したボードスポーツには世界屈指のコンディションを誇る。

地元のアドバイス：四輪駆動車で移動すれば、人里離れたスポットへもアクセスできる。

おすすめのサーフスポット：i. ダーバン　ii. セント・フランシス・ベイ

スケルトン・コーストの世界最長チューブ

ナミビア
スケルトンベイ

　上空から見ると、ペリカンポイントはまるで鉤型の指のような半島に位置し、ウォルビスベイの町を大西洋の波から守っているかのように伸びている。さらに近付くと、黄色い砂浜にエメラルドと赤の色彩が渦巻いて、ペンキの缶からこぼれ出したかのように見える。さらにズームアップすると、陸地と緑色に濁った海が交わり、緩やかなカーブを描くサンドバー（砂州）の縁にうねりが見える。

　2008年のある日、ブライアン・ゲーブルはこの地域の衛星画像を見ながら、この地形に目を奪われた。波が長いことに気づいたのだ。しかし、このデジタル画像からは、最高のサーフブレイクのひとつに遭遇したとは、知る由もなかった。実はこの場所は、ビーチ近くのサンドボトム（海底が砂）でブレイクし、あまりにも長い完璧なチューブが発生するため、やがて他のすべての波がこのチューブを基準に計測されるようになったのだ。

　カリフォルニアのＩＴスペシャリストであるゲーブルは、米『サーファー（Surfer）』誌が毎年開催している「グーグルアース・チャレンジ」に参加していた。これは、読者が自宅のソファでくつろぎながら、新しい発見を求めて世界を探索するという企画だ。同誌の編集者はすぐに彼の発見の可能性を見抜き、その年の最優秀賞を授与した。その後、プロサーファーのコーリー・ロペスが、今ではスケルトンベイと呼ばれるポイントで大きな長いチューブをロングライドし、その映像はサーフィン界に衝撃を与えた。やがて、世界のトップチューブライダーたちが定期的に訪れ、全長約2キロにおよぶチューブ内からの景色を収めた、心躍るGoPro動画をインターネット上にアップロードするようになった。

実際のところ、公開される以前からナミビアのローカルサーファーがこの波に乗っていたが、2008年以降に目撃されたスケールとスピードを持つ波は珍しかった。衛星写真によると、このサンドバーができたのは2000年代に入ってからで、世界レベルの波を作り出すようになったのはさらに最近のことだ。写真家のアラン・ヴァン・ガイセンは、1日のうちに海岸線の形状が完全に変化するのを目撃しており、このスポットが相変わらず流動的であることを証明している。

このため、サンドバーがすぐにまっすぐになり、ここの波が形成不能で終わってしまうのではないかと心配するサーファーもいるが、それを否定する者もいる。稀に6フィートのうねりが起きると、そのたびにビーチにサーファーの大群が押し寄せる。不安定なサンドバーを目の当たりにすると、彼らは今日こそとらえてやろうとスケルトンベイが生み出す強烈なチューブと対峙し、あたかもこれが最後のチャンスとばかりに、ダイナミックな砂の動きに負けまいと足を踏ん張るのだ。

スケルトンコーストの特徴は巨大な灼熱の砂丘で、通常は濃霧に覆われている。ナミビアのブッシュマンはこの海岸を「神が怒りに任せて作った土地」と呼んでいる（76ページ）。うねりがやってくるたびに、砂浜にボードの残骸が積み重なる（上左）。ハワイ出身のアレックス・スミスは地球の裏側まで旅し、その景色を堪能している（下左）。

スケルトンベイのスペシャリストであるベンジー・ブランドは、GoProカメラを口にくわえてライディングを記録する準備をしながら、巨大なバレル（チューブ）へと向かう（上）。うねりの方向と砂浜の微妙なカーブで波の速度とチューブの形状が決まる。この場所では、絶妙な角度のうねりが、完璧な形で湾曲した海岸にヒットする（下）。

For Your Information

レベル：延々と続くパドリング、修正不能なエアドロップ（波の切り立った斜面を空中に浮いたように落ちていく）、信じられないほど速く油断ならないチューブ。スケルトンベイは上級者向けだ。

ベストシーズン：4月から9月。波は非常に不安定で、うねりの強い時期はほんの数回しかない。

持ち物：サーフィン用具一式と、移動中の補給用に十分な食料と水。

波がない時にできること：砂嘴とラグーンは、アザラシ、ジャッカル、フラミンゴ、ペリカンなどの野生動物を観察するのに最適な場所だ。

地元のアドバイス：ペリカンポイント・ロッジはこの地域唯一の灯台兼ホテル。5つ星で、料金もそれなりだ。ほとんどの観光客は、四輪駆動車で30分ほどのウォルビスベイからやってくる。

おすすめのサーフポイント：i. スケルトンコースト北部　　ii. ルアンダ地区（アンゴラ）

西アフリカの
サーフィンの聖地

セネガル
ダカール

その安定した政情と、芸術とスポーツを同列に扱う文化、そして数多くのトップレベルのブレイクを背景に、ダカールのサーフシーンは、豊かな可能性を秘めたこの地の成功例として希望の光となっている。町を一歩出れば、サーフスクールやキャンプ、レストランが軒を連ね、それらは海岸で生活してきたローカルサーファーたちが運営している。

最も有名なスポットは、ダカールの南西端ンゴール村からボートですぐの場所にあるンゴール島だ。

ここでは、火山岩でできた2つのポイントに波が押し寄せる。特に右側のポイントは、映画『エンドレスサマー（Endless Summer）』に登場したことで有名だ。その後、ンゴール島は大きく発展したのだが、狭い砂地の道、車の少なさ、点在するのんびりしたレストランやアートショップは、海峡の向こう側の忙しい都市生活とは別世界であることを物語っている。

ンゴールの海岸は、パズルのピースのような形状で大西洋に突き出たアルマディエス半島に続き、アフリカ大陸の最西端に位置している。ここには、南北半球どちらからのうねりも受けるリーフが数多く点在している。北側の海岸では、ゴーシュ・デ・ロイクのレフト方向に崩れる速い波が有名だ。この地域で最も有名なブレイクは南側の海岸で、皮肉にもシークレットスポットという名前で知られている。ビーチサイドの飲食店の前ではパワフルな波が発生し、レフトもライトもブレイクしている。ここは地元の人々のたまり場になっている。

レ・アルマディーズのすぐ南のリーフブレイク、ウアカムは、この地域随一のスポットだ。高くそびえ立つモスクを背に、左右にブレイクするワールドクラスのチューブが楽しめる（上左）。シークレットスポットで波のチェックをするローカルサーファー（上右）。ンゴール村の海岸線には漁船が並んでいる（下右）。ビビエレフトで同じ波に乗るカリム・ディウフとデンバ・グイエ（右ページ）。

近くには、この界隈で最も影響力のある人物、ウマル・セイエがサーフショップとレストランを経営していて、そこには彼が子どもの頃に遊んだ海岸の岩場に作られたプールもある。サーフィンが仕事の妨げになると考えられていた時代、セイエは国内初のプロとなり、このスポーツが成功への道の礎となることを証明した。

この数十年、セイエは次世代のサーファーたちの指導に当たってきた。中でもシェリフ・フォールは国際的なスポンサーを獲得し、ワールド・サーフ・リーグのクォリファイシリーズ（ワールドツアーの下部組織）に出場する、大陸で最も優れたサーファーに成長した。彼もまた、ローカルの有力なトレンドセッターとなり、その爆発的でバネのきいたスタイルは、セネガルの多くの有望な新進サーファーに受け継がれている。

もうひとり、セネガルを代表するサーファーがカジュー・サンベだ。彼女が初めてパドリングをした14歳の頃は、女性がサーフィンをすることは非常に珍しいことだったが、彼女の活躍により、それは過去のものとなった。2018年、彼女はサンタクルーズに飛び、「ブラックガールズ・サーフ」という組織でトレーニングをする機会を手にした。国を離れるのは初めてで、お金も英語力もほとんどないにもかかわらず、彼女は強い決意を持って飛び込んだ。ダカールに戻ると、地元の団体と共同でサーフィンスクールを立ち上げた。その目的は、セネガルの少女たちにサーフィンを教えるだけでなく、「彼女たちはなりたいものになれるのだと触発する」ことだ。それは、この地のサーフカルチャーの最もすばらしいレガシーと言えるだろう。

2021年、16歳のシェリフ・ディオブは国際サーフィン協会の奨学金を獲得し、教育、サーフィン用具、コンテスト参加費などの資金を得た（上）。近年、多くのローカルの女性や少女をサーフィンに迎え入れようとする取り組みが実を結んでいるようだ。若いサーファー、デゲーヌ・ティウナは、シークレットスポットで新人に手本を見せている（右ページ）。

For Your Information

レベル：中級者から上級者。

ベストシーズン：10月から4月にかけては、南北半球の両方からうねりがやってくるので、風が強くなるまでは、たいていどこかでサーフィンできるはずだ。

持ち物：ウニに覆われたリーフがあるので、長靴を持参するとよい。勇気があれば、トゲはピンセットで引き抜ける。

波がない時にできること：市内の歴史的な美術館やアートギャラリー、複合芸術施設のヴィラージュ・デザールで現代彫刻やモダンアートを鑑賞するのもおすすめだ。

地元のアドバイス：ンゴール島の東側でサーフィンする時は、テイクオフのすぐ前に立ちはだかる2つの岩、「マミ」と「パピ」に注意しよう。

おすすめのサーフポイント：i. リベリア北西部　ii. アビジャン（コートジボワール）

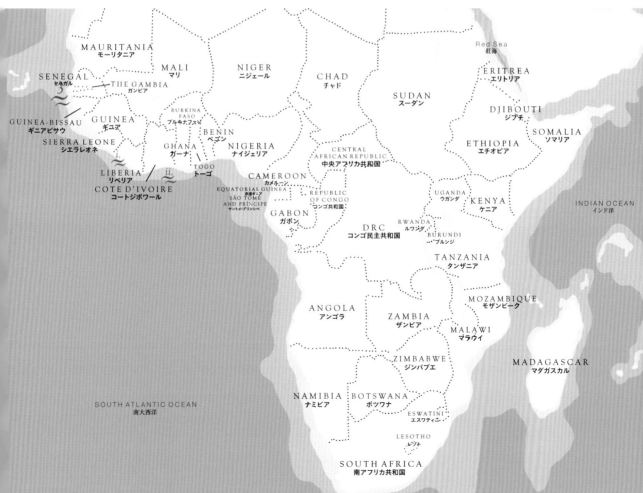

ガーナのリズムと
グルーブを体感する

ガーナ

　地球の中心に位置し、緯度と経度がゼロに近い
ガーナは、赤道直下のアフリカン・サーフカルチャー
の中心地として発展してきた。

　2021年に出版された、アフリカ大陸のサーフカル
チャーに焦点を当てた画期的な本『アフロサーフ
(AFROSURF)』でケビン・ドーソンが概説しているよ
うに、一般的な説とは裏腹に、この地での波乗りは
決して目新しいものではない。ドーソンは数百年前
の記録をもとに、ボディボードやカヌーなどで波間
を走ることが日常的だった古代の文化について説明
している。天然の港がほとんどない海岸線では、こ
れらの習慣は、うねりに覆われた沿岸の町で波間を
航行する漁民にとって不可欠なものだった。

　2019年、マイキー・フェブラリーは、南アフリカ出
身の初の黒人サーファーとしてチャンピオンシップツ
アーへの出場権を獲得すると、翌年、大会の合間を
縫って歴史ある場所のひとつを訪れた。南アフリカ
で生まれ育ったフェブラリーは、20代前半に急成長
を遂げ、その最高に流麗なスタイルで世界の賞賛を
集めている。彼の両親はプロのクリエイターで、音
楽、アート、美意識に対する情熱を浴びながら育ち、
それは水上でも陸上でも彼のスタイルにあらわれて
いる。

　美しいサンドボトムのサーフポイントと、ローカル
の活気ある音楽シーンの噂を聞きつけ、ガーナを旅
する機会を得たフェブラリーは、これらを融合した
映画プロジェクトに着手した。写真家のアラン・ヴァ
ン・ガイセン、映像作家のサム・スミス、ウェイド・キャ
ロルと共に、人里離れた沿岸の町で2週間を過ご
し、漁師と交流し、地元のミュージシャンに会い、
ローカルサーファー数人と波を楽しんだのだ。こうし
て、『ニューリズモ (Nü RYTHMO)』というタイトルの
短編映画が生まれ、サーフメディアで多く見られる
旅の記録モノとは一線を画すこととなった。彼は言
う。

「僕たちは現地に行って、あの波を撮りたいと思って
いた。でも、南アフリカで育った僕は、サーフィンを
テーマに編集された映像作品というと、そのほとん
どが文化の断片を見せるだけにとどまり、人々の声や

周囲の様子を深く感じ取ることができないことに気づいた。本来、サーフィンの旅を特別なものにしてくれるのは人々だから、僕たちの企画は、その関わりの体験を表現することだった」。

ライブ録音されたアフロビートの衝撃的なリズムに漁師の歌声、コンサートの観客のざわめき、波の音が混ざり合い、この音声は間違いなく見る者をその世界へと誘う。画面上には、フェブラリーの波乗りシーンに、地元の人々がボートを漕ぎ出し、魅惑的なダンスで盛り上がる映像が散りばめられている。そして、彼の波乗りのリズムと動きに合わせるかのように波が揺れる。この作品は、ガーナの新進コミュニティを活性化するサーフィンとダンスの深い結び付きと、アフリカ大陸で花開いた波乗りへの独特なアプローチを、鮮やかに描き出しているのだ。

「僕たちは主に『西洋の世界』に住んでいて、特にサーフィンの分野ではお互いに似たものになろうとすることが多い」とフェブラリーは『アフロサーフ』に記している。「現代の西洋文化は、常に強い影響力があると考えられている。しかし、むしろアフリカのサーフコミュニティこそ、世界の他の地域の人々に影響を与える存在になるような気がしている。とてもおもしろい時代になったと思う」。

ヤシの木が作り出す心地好い日陰で仕事中の2人。フェブラリーは彼方に自分の安らぎの場所を探す（89ページ）。ガーナのミュージシャン、スティヴォー・アタンビレは、バンジョーに似た2弦の楽器コロゴの名手だ。『ニューリズモ』のサウンドトラックとオープニングを、海岸でライブ演奏している（右ページ）。

この町で最も開けたビーチの波は速く気まぐれなため、パーフェクトな波がライダーを置き去りにして去っていくことがよくある（上）。海岸沿いのポイントの風下で、町の漁船団がショアブレイクからボートを引き揚げている（下）。マイキー・フェブラリーが、波のポケット（波のパワーのある場所）に右側のレールをセットし、独特のスタイルと姿勢を保っている（右ページ）。

For Your Information

レベル：初級者から上級者まで。

ベストシーズン：5月から10月（雨季）は、安定したうねりと朝方にオフショアがやってくる。

持ち物：ワックス。ガーナではワックスが手に入りにくいので多めに持って行き、できればローカルサーファーのために置いてこよう。

波がない時にできること：サーフィンの中心地、ブスアで夜通し踊ったり、カカム国立公園での熱帯雨林探検も良い。

地元のアドバイス：ミスターブライト・サーフスクールのブレット・デイビスは、ローカルのサーフィンの発展に尽くした人だ。行動計画を立てるなら、彼と話をするのが最適な旅への第一歩。

おすすめのサーフスポット：i. ロメ地区（トーゴ）　ii. コトヌー地区（ベナン）

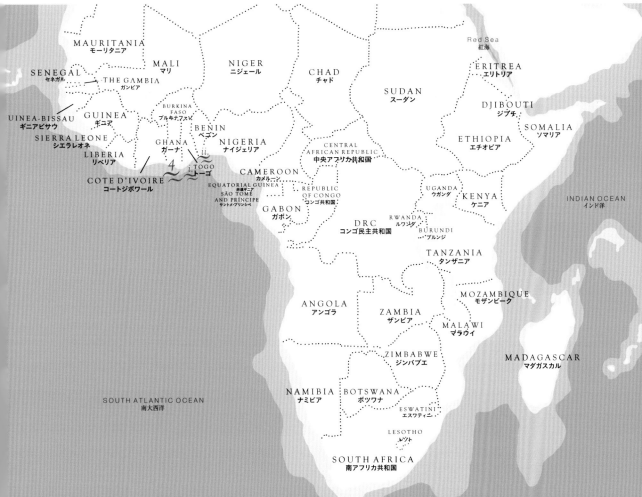

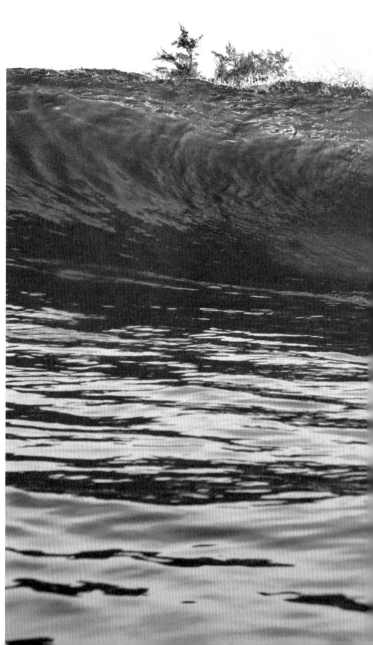

ラゴス近郊の
不滅の砦

ナイジェリア
タルクワ湾

　ナイジェリアで最もにぎわうラゴス港の入り口に、タルクワ湾の人工の砂浜がある。ここでは、防波堤が作り出したウエッジと呼ばれる地形があり、その楔にひっかかって突然屈折したうねりが大きな波となってブレイクする。この町の土木技師が偶然にもたらした贈り物であり、それはやがて活気あるサーフシーンを生み出した。その中心人物が、ナイジェリアで生まれ育ったイタリア人のジョン・ミケレッティと、タルクワ出身のゴッドパワー・ペキプマだ。2人はこの湾内で波乗りを学んだのち、ここ10年間にわたって無料レッスンを通じて村の子どもたちにその情熱を伝えてきた。近年は、同じくナイジェリア人のレイチェル・オラも同様の役割を担っている。

94

彼らのおかげでこの場所はにぎやかな友情の拠点として開花し、何十人もの若いサーファーたちが、修理を施し寄贈されたボード何本かと、限りない興奮を分かち合うようになった。彼らは防波堤に列をなして順番を待ち、仲間が波に乗ってすぐそばまで来ると、やじと声援を送るのだ。スピードが速くパワフルで、チューブを形成しやすい波は、早く上達するための好条件でもある。そんな波は、ローカルの才能豊かな人材を育て、彼らのグループがお互いにライバル意識を持つことで、進歩にいっそう拍車をかけている。

2019年、ヴァンス・サーフチームのディラン・グレイヴスとデーン・グダウスカスはタルクワ湾を訪れ、オンラインの動画シリーズ『ウイアード・ウエイブス（Weird Waves）』でこのコミュニティの楽しげな様子を映し出し、写真家のオーリー・ヒリヤー・ライリーはこの旅を書籍『ノー

ワハラ（No Wahala：「心配ない」の意）』で紹介し、不朽のものとした。サーフィンの世界ではあまり知られていないこの地域に、地域に根ざした、こんなにも元気なシーンがあることを発見し、視聴者は大いに喜んだのである。

このエピソードが公開されてわずか数週間後の2020年1月、タルクワの平和は、ナイジェリア海軍による、暴力的で違法な退去命令によって打ち砕かれた。彼らは何の前触れもなくやってきて空に向けて銃を放ち、家やビジネス施設をブルドーザーで破壊した。その目的は、近くを通るパイプラインから石油が盗まれるのを食い止めるためと言われているが、それでも何千人もの罪のない人々が貧困にあえぐことになった。しかしそれは、高級リゾートの建設に向けた村の一掃という政府の意図を覆う隠れ蓑だと考える地元住民もいる。

その後、海軍がこの地域一帯を支配した。ほ

とんどの住民は移転を余儀なくされたが、ビーチで観光客相手に商売をしている多くのローカルサーファーにとって、ここを離れる選択肢はなかった。家がなくなり寝場所を探さざるを得ず、ある者はテントを張り、ある者はビーチの小屋の間にできる日陰を探した。

2年経った今、地域には緊張感がありながらも、表面的には平静な状態だ。海軍はまだ居座っている。しかし、地元の人々は、新しいシステムの中でうまくやっていく術を見つけ出した。政治的な不安はあるものの、サーフコミュニティは将来に希望を抱いており、多くの人が近いうちにガーナやセネガルで開催される大会に出たいと考えていると、ミケレッティは言う。しかし今は、パドリングでウェッジに割れる波をテイクオフするだけで十分だ。

世界どこでも、朝のサーフチェックは同じように行われる。カリフォルニア出身のデーン・グダウスカスとタルクワ出身のエマニュエルは、数々の波の中から良さそうなピークを探し出し、意見を交わしている（上右）。右ウェッジで有名なタルクワの防波堤の反対側に位置するライトハウスレフトでリップを打つ ディラン・グレイブス（右ページ）。

ローカルサーファー、マイケル・ガブリエルはラインから目を離さない（98−99ページ）。タイエ・"アブラハム"・クボス（下、101ページ）は、ミケレッティが幼い頃からサポートし、励ましてきた若者のひとりだ。『ウイアード・ウエイブス』の撮影クルーは、彼が初見で技術を再現するその習得の早さに圧倒された。「彼には天賦の才能がある」とグレイブスは言う。

For Your Information

レベル：初級者から上級者まで。

ベストシーズン：5月から9月にかけては、腰から頭ほどの高さの波が定期的に発生する。

持ち物：海水温は一年中摂氏26度前後なので、温暖な気候用のサーフウェアがあれば十分だ。

波がない時にできること：水上タクシーでラゴスへ。世界でも有数の急成長都市で、充実した時間が過ごせる。

地元のアドバイス：タルクワ湾には、ゴッドパワー・ペキプマが経営する「GP」と、レイチェル・オラが経営する「ブラック・ガールズ・サーフ」、2つのサーフスクールがある。

おすすめのサーフポイント：i. サントメ島（サントメ・プリンシペ）ii. ポールジャンティ地区（ガボン）

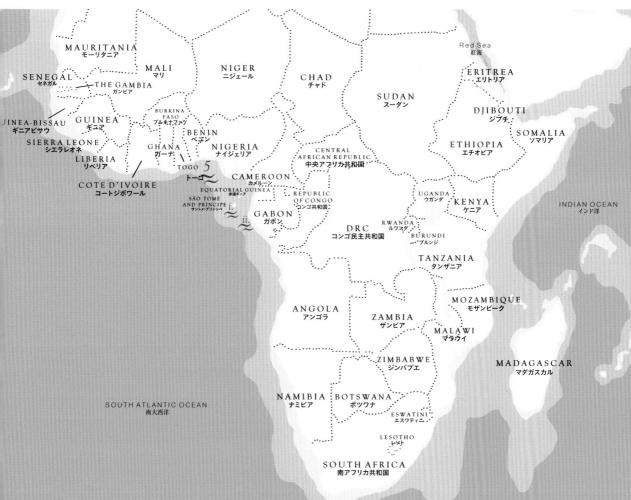

理想の島々の
宝もの

**スペイン
カナリア諸島**

　カナリア諸島は、アフリカ大陸の西海岸から100キロほど離れた海上に位置し、そこは、北大西洋からの強いうねりを受けて、深海を渡ってきたうねりが急激に押し上げられ砕け散る、多彩なリーフブレイクやビーチブレイクに恵まれた理想的なエリアだ。

　最も有名なスポットは、ランサローテ島の北東にあるラ・サンタ村。エル・ケマオと呼ばれる浅い岩場では、ヨーロッパでも有数のレフトのチューブが楽しめ、すぐそばのモロ・ネグロでは貨物列車並みの巨大な波が堪能できる。フエルテベントゥラ島では、ノーストラックと呼ばれる不毛の月面のような未舗装道路が走り抜け、西海岸のエル・コティージョから東のコラレホまで、島のベストスポットの多くを結んでいる。すぐ沖にあるロボス島では、死火山の麓に長いライトの波ができる。テネリフェ島の南海岸、にぎやかなリゾート地プラヤ・デ・ラス・アメリカスではすばらしいリーフブレイクが楽しめるし、グラン・カナリア島の首都ラス・パルマスでは、プラヤ・デ・ラス・カンテラスというビーチに沿ってバラエティ豊かな波が楽しめる。

　グラン・カナリア島の北海岸にあるアクセスが難しい岩場から、ラ・パルマ島の人里離れたリーフまで、周辺にはあまり知られていないスポットが他にも点在しているが、中でも最高の場所は、最近クンブレ・ビエハ火山から噴出した溶岩で破壊された場所だ。カナリア諸島は、その気候や地形からハワイと比較されることも多く、まだ誕生して間もないサーフコミュニティは、太平洋に浮かぶ兄弟のような島々のウォーターマンスピリットに深く影響を受けてきた。その結果、1970年代のカナリア諸島の先駆者たちの多くは、大胆不敵なビッグウエイブ・スペシャリストであるだけでなく、漁師や船員としての経験も豊富だった。中でも太平洋航海から戻ったセルジオ・エル・ハルコン（「ファルコン」）は、海岸線から少し離れた洞窟に住みながら、エル・ケマオを開拓した伝説の人物だ。彼らの遺志を継ぎ、カナリア諸島はヨーロッパの最もダイナミックなウォーターマンとウォーターウーマンの活動の場となり続けている。

それぞれの島には、切り立った崖やなだらかな砂地など独特の景観が広がるが、浅瀬の溶岩に打ち寄せる力強い波はどこでも共通する特徴だ（上）。ビレイタは未公開の場所で波に乗り（下）、マティアス・エルナンデスはテネリフェ島のプラヤ・デ・ラス・アメリカスでレイバックターン（カットバック時に背中を水面に倒して行なうターン）を決める（右ページ）。モンターニャ・ラ・カルデラの山頂からとらえたロス・ロボスのライトに割れる長い波（106–107ページ）。

For Your Information

レベル：中級者から上級者まで。

ベストシーズン：温暖な気候でパワフルな波に出会う確率が高いのは、11月から2月。

持ち物：浅瀬のリーフで遊ぶ時のために、フィンの予備があると良い。

波がない時にできること：国立公園を探検したり、火山に登ったり。セイリングツアーで島々の秘密のビーチをめぐるのもおすすめ。

エピソード：カナリア諸島は8つの島からなり、それぞれが2000万年以上前からの火山の噴火によって形成されている。

おすすめのサーフスポット：i. 西サハラ　ii. アガディール地区（モロッコ）

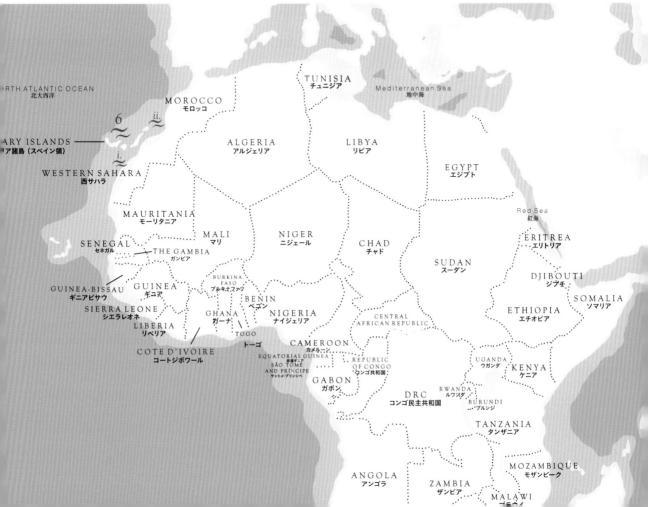

アフリカの
地図にない場所

マダガスカル

マダガスカルは、1億5千万年前にアフリカから分裂したのち、完全に孤立した状態だったため、島内の生態系は独特の進化を遂げ、多様な動植物が生息している。

また、現地でヴェズと呼ばれるこの島に長じた漁師を中心とする先住民の波乗り文化も、外部からの影響を受けずに栄えてきた。伝統的に移動しながら魚を獲る彼らは、小さな掘っ立て小屋のついたボートで危険なリーフを航行することに長けている。西海岸では、バルサ材や荒削りのバオバブのボードでショアブレイクに乗る子どもたちの姿が見られる。ヴェズの若者たちは、サーフィンを無益な娯楽と考えるのではなく、波打ち際で生活するために必要な知識と技術を磨く方法として、積極的にサーフィンを推奨している。

子どもたちが熱中しているにも関わらず、サメの被害やマラリア、海岸へのアクセスの難しさなどの理由から、マダガスカルはインド洋で最も混雑しないサーフスポットのひとつである。それでも数少ない観光客やローカルがやってくる名所がある。たとえば、南西部のトゥリアラには珊瑚礁で急激に割れるリーフブレイクがあり、南東部のトラニャロ（旧名フォール・ドーファン）はインド洋からの不変のうねりが渦巻くリーフブレイクやビーチブレイクが混在する場所だ。

しかし人里離れた北東部の海岸は、ほとんど未開拓である。そこで2015年、アラン・ヴァン・ガイセンにカメラを持たせ、南アフリカ人クルーが意気揚々とこの地に向かった。海岸の大部分は生い茂る植物に覆われた山々だったため、彼らは海路の旅を選択し、危険を顧みずに波を求めて出航した。

そして、豪雨の中森の片隅にテントを張ったり、リーフに停泊し危うく大惨事を免れたりと、さまざまな武勇伝と共に戻ってきた。彼らは忘れがたい経験と、未開拓のサーフゾーンを発見するために必要なあらゆることを深く胸に刻み、長い2週間の旅路を終えてようやく快適な自宅へと帰っていった。

数日間、ボートでこの地域を探検した後、チームはV字型の湾に到着した。そこには、両サイドに深い水路がある2つのリーフがあり、期待ができる（109ページ）。最高の発見は、少し南のおもしろいライトの波だった。ここでは、フランク・ソロモンがチューブを試し（108ページ）、スレイド・ブレストウィッチがリップを叩く（左ページ）。

マダガスカル北東部の海岸は降雨量が多く、丘陵地帯は一年中濃い緑に覆われている (上)。先が読みにくい海岸沿いの道路は小さな町をいくつも結び、陸と海からの自然の恵みが、世界から隔絶された住民の生活を支えている(右ページ)。

For Your Information

レベル：中級者から上級者。

ベストシーズン：東海岸は11月から3月、西海岸は4月から11月。

持ち物：サメよけのデバイス、マラリア予防薬。

波がない時にできること：バオバブ通りには、その名のとおりバオバブをはじめとする20数種のアフリカを象徴する樹木があり、中には樹齢数千年の木もある。

地元のアドバイス：事情通によると、西海岸のリーフでは、比較的波の多い時期でも、理想的なうねりを得るには少なくとも丸2週間は必要だそうだ。

おすすめのサーフスポット：i. イニャンバネ地区（モザンビーク）
ii. モーリシャス

アジア

1 フィリピン　シアルガオ島
2 インドネシア　メンタワイ諸島
3 台湾　台東
4 インド　ケララ州

5 イラン ラミン
6 オマーン

RUSSIA
ロシア

KAZAKHSTAN
カザフスタン

キルギス
KYRGYZSTAN

Caspian Sea
カスピ海

UZBEKISTAN
ウズベキスタン

GEORGIA
ジョージア
ARMENIA
アルメニア

アゼルバイジャン
AZERBAIJAN

TURKMENISTAN
トルクメニスタン

TAJIKISTAN
タジキスタン

TURKEY
トルコ

AFGHANISTAN
アフガニスタン

SYRIA
シリア

LEBANON
レバノン

IRAQ
イラク

IRAN
イラン

PAKISTAN
パキスタン

ISRAEL
イスラエル

JORDAN
ヨルダン

Persian Gulf
ペルシャ湾

NEP
ネパー

SAUDI ARABIA
サウジアラビア

UAE
アラブ首長国連邦

5

IM

OMAN
オマーン

6

YEMEN
イエメン

Arabian Sea
アラビア海

4

MALDIVES
モルディブ

MONGOLIA
モンゴル

NORTH KOREA
北朝鮮

JAPAN
日本

SOUTH KOREA
韓国

CHINA
中国

台湾
TAIWAN

≈ 3

Philippine Sea
フィリピン海

AN
ン

DESH
デシュ

MYANMAR
ミャンマー

LAOS
ラオス

South China Sea
南シナ海

NORTH PACIFIC OCEAN
北太平洋

of
gal
ル湾

THAILAND
タイ

≈ 1

VIETNAM
ベトナム

CAMBODIA
カンボジア

PHILIPPINES
フィリピン

BRUNEI
ブルネイ

MALAYSIA
マレーシア

Celebes Sea
セレベス海

≈ 2

SINGAPORE
シンガポール

INDONESIA
インドネシア

Java Sea
ジャワ海

Banda Sea
バンダ海

PAPUA NEW GUINEA
パプアニューギニア

INDIAN OCEAN
インド洋

常に変貌し続ける
フィリピン海

フィリピン
シャルガオ島

世界のサーフブレイク発見武勇伝の中でも、フィリピンのシャルガオ島の卓越したライトのリーフブレイク「クラウド9」発見にまつわる話ほど、ドラマチックなものはないだろう。

言い伝えによると、この波を最初に開拓したのは、1970年代から80年代にかけて、麻薬密売人として世界中を放浪していたことで名高いアメリカ人、マイク・ボイヤムだったと考えられる。ニューカレドニアで短期間服役したのち、1988年12月、バーで出会った2人のサーファーの情報に従い、人けのないシャルガオ島タウソン・ポイントに偽名で到着。その後数カ月間、ボイヤムは海岸の木造小屋に住み、目の前の波に乗り、瞑想と断食の苦行を行ない、村人が届けてくれる水とレモンジュースだけで長い間耐え忍んだ。断食は危険なほどの長期間におよんだという。そして1989年6月、この地に到着したあるグループが、

餓死している彼を発見した。

それから4年ほど経った頃、2人のアメリカ人プロサーファーと写真家ジョン・キャラハンがボートで沿岸を探検していた際に、彼の小屋の目の前で樽のようなチューブができるのを見つけた。同胞の死に無頓着なことに、彼らはこの波の名前を地元のチョコレートバーにちなんで「クラウド9」と名付けた。ボイヤムの死因を考えると、何とも皮肉なエピソードだ。そして、あっと言う間に30年が経ち、この死が絡んだマッチョな発見からは、多様性と包容力のあるローカルのサーフシーンが誕生した。クラウド9を訪れる何十人ものリッパーに加え、この島では女性ロングボーダーが急増し、彼女たちは穏やかな波で盛り上がっている。

その最前線にいるのが、才能あふれるイキットとアピングのアグド姉妹、そしてフリースタイルサーファーで女性ロングボードの現代のアイコン、ジョージー・プレンダーガストだ。シャルガオで生まれ、オーストラリアのバイロンベイで育ったプレンダーガストは、ここ数十年、機会あるごとに生まれ故郷に戻り、より多くの女性に波乗りをすすめ、シャルガオの女性サーフクルーの親善大使として名を馳せた。急速に発展する島の人気スポットと同じように、文化的、インフラ的な問題に直面しながらも、2010年

代後半までシャルガオはすばらしい場所だった。しかし、コロナ禍による休止期間を経て、島が再び観光客を迎えようと準備していた矢先、大災害が発生した。

2021年12月、超大型台風オデットがフィリピンを縦断し、広範囲に壊滅的な被害をもたらし、数百人もの死者を出した。シャルガオ島では、すぐにサーファーたちが救援活動に動員された。プレンダーガストが主導した募金活動には、グローバルコミュニティから支援が集まり、数カ月で8万豪ドルを超える寄付が集まった。嵐によって生計を絶たれた多くの地元の人々にとって、前途多難であることは明らかだ。しかし、この記事を書いている時点では、島のいくつかの企業が再開の準備を進めている。彼らの不屈の精神によって、コミュニティは楽園を取り戻すための道を順調に歩むという、明るい兆しが見えている。

トゥアソンビーチのローカルキッズサーファーたち（上左）。完璧なチューブで有名なクラウド9だが、うねりの小さい日にはロングボード向けの最高の波になる。サーフインストラクターのマリセル・バラジェスは、その波を目一杯楽しんでいる（上右）。

クラウド9を見渡す展望台も台風で完全に破壊された。しかしコミュニティーの活動により、再建に向けて前進している(上)。島で最も有名なサーフスターのひとりであるイキット・アグドは、災害後の住民の窮状を訴え、資金集めと意識改革に尽力した(下)。

For Your Information

レベル：中級者から上級者まで。

ベストシーズン：常にうねりに恵まれているが、7月から12月にかけてが最も押し寄せる時期で、特にクリーンなコンディションの10月から11月には、すばらしいサーフトリップが約束される。

持ち物：島のゴミ問題を考慮し、リサイクル可能な水筒とコーヒーカップを持参しよう。

波がない時にできること：マングローブの森をめぐるツアーに参加したり、離島でダイビングを楽しむこともできる。

地元のアドバイス：ゼネラル・ルナで9月に開催されるフィエスタは、ローカルの文化や伝統を味わうには絶好の機会だ。

おすすめのサーフスポット：i. カタンドゥアネス　ii. ミンダナオ島北部

サーファーにとって
夢の島々

インドネシア
メンタワイ諸島

　西スマトラ沖に浮かぶメンタワイ諸島は、現代の
サーファーが最も憧れる場所で、熱帯のむき出しの
自然を背景に、数多くのリーフブレイクが存在する
無類の場所だ。

　この島々に秘められた可能性は、その多くを1980
年代から90年代にかけて、オーストラリアのサーフィ
ン冒険家、マーティン・デイリーが発見した。その旅
費は、救難船でインド洋を横断し、難破船の財宝を
潜って引き上げることで調達した。この島で最も有
名なサーファーだが、唯一のサーファーだったわけで
はない。言い伝えによると、1991年、デイリーがシボ
ラ島の南端の波に乗っていると、ジャングルからサー
フボードを持った男が現れ、パドリングして挨拶に
来たという。それは、数週間前にここに来たオースト
ラリア人のランス・ナイトで、大木をくり抜いて作った
カヌーでローカルと共に探検していた時、このスポッ
トに出くわしたのである。やがてその波は「ランスズ・
ライト」と呼ばれるようになり、今でもインドネシア
で最も完璧なライトブレイクのひとつとされている。

　メンタワイのサーフィンの歴史には勇敢な人物
が数多く存在し、彼らが発見したスポットはできる
だけ秘密にしようという動きも多かった。しかし、
1990年代半ばになるとその噂は広まり、外国船主
のチャーターボートの大群が装備をそろえ、裕福な
サーファーたちをこの島へ送り出す準備を整えた。
その後、陸地にはサーフキャンプも登場したが、船上
でのツアーが極上であることに変わりはなく、その
魅力はフレキシビリティと海に没頭する体験だ。こ
のツアーでは船上で過ごすサーファーが陸に上がる
ことはほとんどないため、良くも悪くも、島の環境、
人口、経済への影響が少ない。

　グリーンブッシュ、ライフルズ、マカロニといった
スポットを乗りこなせるサーファーはごく一部だが、
彼らは完璧な波と完璧なサーフツアーの日課をこの
地に定着させるのに、大きな役割を果たしてきた。
すなわち海峡に船を停め、船べりから暖かい海に飛
び込み、大きな青いチューブを満喫して船に戻ると、
夕暮れ時のビールとその日のライディングの詳細を
分かち合いながら星が輝く夜に突入する、という日
課である。そんなファンタジーを求めている人にとっ
て、メンタワイは最高の場所なのだ。

124

メンタワイを訪れる人の多くがチャーターボートで来るのに対し、オーストラリア人のマーク・ルウェリンは、ピットストップヒル・リゾートで専属カメラマンとして働きながら、海岸の向こう側のメンタワイを探索している。ここで、彼はニャンニャン島の即席の橋を撮影した（左ページ）。この近くのバンクヴォールツと命名された波に乗るサーファー（上）と、シベルト島のアマン・ラウラウという名の部族民（下右）。

毎日、ニャンニャン島周辺のさまざまな陸上リゾートから、その日のベストコンディションなスポットを求めて、小さいボートが大挙して出航する（上）。ウマというメンタワイの伝統的な家屋は、茅葺き屋根で両端にベランダがある（下）。カリフォルニアから訪れたトム・モラットは、ベングベングと呼ばれる遊び心あふれるレフトの波をフィンアウト（フィンを波の外に蹴り出す技）で楽しむ（右ページ）。

For Your Information

レベル：中級者から上級者まで。

ベストシーズン：うねりがある時期は5月から9月。しかし、10月から3月のオフシーズンも、オフショアの風が吹いて混雑することもなく、頭くらいの波でサーフィンを楽しむチャンス。

持ち物：虫よけスプレーと、リーフでの切り傷対策に救急箱（消毒クリームやアロエベラなど）を用意しておこう。

波がない時にできること：ボートツアーなら、シュノーケリング、釣り、スタンドアップパドリング（SUP）、白熱するカードゲームなどが一般的。

地元のアドバイス：地元への貢献をしたい方は 慈善団体『サーフエイド（SurfAid）』やドキュメンタリー番組『ウエーブス・フォー・ウォーター（*Waves For Water*）』を参考に、自分は何ができるかを考えてみるのがおすすめだ。

おすすめのサーフスポット：i. バリ島ブキット半島　　ii. ジャワ島西ジャワ州

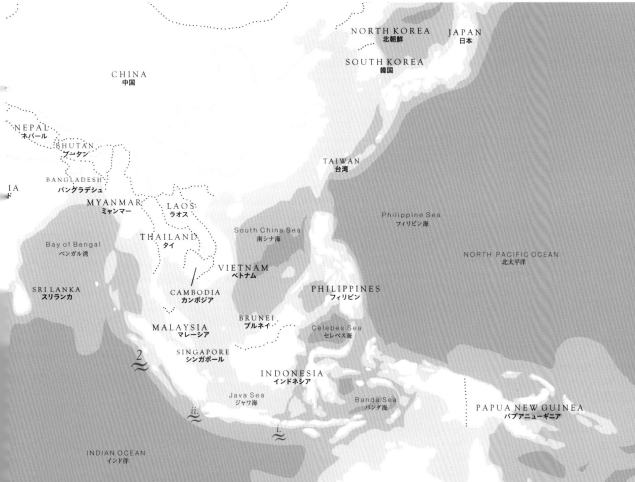

緑豊かな
魅力あふれる
台湾の海岸

台湾
台東

　中国の東側に位置する台湾は、高層ビルの都市、山間部の国立公園、低地のジャングルなど、文明と自然のコントラストが印象的な島だ。海に出ると人影もまばらで、熱帯の水温と豊かな波に恵まれながらも、アジアでは過小評価されているサーフスポットのひとつとなっている。

　ここの波に最初に乗ったのは、第二次世界大戦後に駐留していたアメリカ兵だ。1960年代初頭のある日、マオ・グーという台湾人の少年は、父親が働いていた北部の基地の近くで、サーフィンをしているグループを見つけた。その日以来、グーはサーフィンの虜になった。戒厳令が敷かれていて、民間人の海への立ち入りは厳しく制限されていたが、グーは10代の頃から兵士たちと一緒にサーフィンを続けた。そして1969年、彼は国内初のサーフショップをオープンさせた。

　1980年代後半に規制が解かれた後も、人々には文化的に海に対する恐怖心が根付いていたため、サーフィンはなかなか普及しなかった。しかしここ10年、サーフィンのパイオニアであるベイベイ・ニウが、ローカルの子どもたちに無料でサーフィンのレッスンをするなど尽力した結果、ようやく意識が変わり始めた。また、国際的なサーフィンイベントが、2010年から毎年、美しい台東地方の金樽港（ジンズンハーバー）で開催されていることも追い風となった。

　この町は東海岸のサーフシーンの中心地であり、近くにはさらに質の高いスポットがいくつもある。成功鎮（チェンゴン）は、パワフルなうねりがある時にはレフトのチューブができ、国内でも最高のスポットのひとつとされている。東河（ドゥンガ）の河口は安定したブレイクで、あらゆるうねりが長く楽しい水の壁を形成し、時にはチューブライドもできる。

　町から南下するとさらに多くのリーフや河口があり、海岸沿いを蛇行する景色の良いハイウエイから見渡せる。運が良ければ、自分だけのささやかなスポットが発見できるかもしれない。

「台湾に旅行した時、私たちは何が期待できるかわからなかった」と写真家のマット・パワーは言う。「この地域や波についての知識はゼロだった。海岸を探索した後、このスポットを見つけた。ヤシの木の間を歩いていくと、信じられない光景が広がっていた。完璧な小さなポイントブレイクを一日中独り占め。こんな経験があるからこそ、旅には努力する甲斐がある」（128–129ページ、上）。

2019年のワールドツアーの出場権を獲得した日本とオーストラリアのハーフのサーファー、コナー・オレアリーは、祝杯をあげようと台風を追いかけて台湾に向かった。その様子をドキュメンタリーとして残すために写真家のマット・パワーと親友のシェーン・キャンベルを誘い、キャンプファイヤーを囲んだ(右ページ)。

For Your Information

レベル：初級者から上級者まで。

ベストシーズン：7月から9月は台風の影響によるうねりが散発的に発生し、10月から3月にかけては外洋で荒れ狂う強風による大うねりが起こる。12月から2月がベストシーズンだ。

持ち物：温暖な気候用のサーフィン装備。気温が摂氏23度以下になることはほとんどないので、真冬でも春用のウェットスーツがあれば大丈夫。

波がない時にできること：台東から北へ19キロに位置する芸術と文化の中心地、都蘭（デュラン）を訪れるのも良い。

地元のアドバイス：長時間のサーフィンの後は、地元のパン屋のおいしい包子でエネルギーを補給するのがおすすめだ。

おすすめのサーフスポット：i. 沖縄（日本）　ii.済州道（韓国）

スパイスの園の
サーフィン文化

インド
ケララ州

インドのスパイスの園と呼ばれるケララ州は、インドの南西端に位置し、海岸線に沿って伸びている。緑豊かな山々が連なる地で、内陸に入り組む水路は、580キロ続くヤシの木が生い茂る砂浜に面したアラビア海へと続く。

コバラム市はインドで最も長い歴史を持つサーフコミュニティの中心地だが、ほんの数時間北に行ったところに、ケララ州の新しい拠点が誕生した。バルカラの町を中心に、初代サーフコミュニティの熱気とにぎわいを生んだ数々の波が押し寄せ、一方で「ソウル＆サーフ」のような隠れ家ホテルがビーチサイドに生まれ、新たな観光客を歓迎している。

6月から8月にかけて南下するモンスーンの影響で堆積物が定着し、海岸線は常に変化する。この時期は、大きなうねりによって、定規で引いたように直線的なビーチの多くが閉鎖され、サーフトリップには不向きな時期だ。多くの旅行者が好むのは、9月から5月にかけてで、アラビア海からの小さなうねりが腰から肩の高さの波をコンスタントに作り出し、砂浜をゆっくりと満たしていく。朝一番の風は弱いかオフショアで、昼が近付くに従って暑さで海風が吹くようになるのが一般的だ。

この地域一番の波が立つエダバと呼ばれるレフトのポイントでは、村の漁船団の帰港と同時にサーフィンに適した風が吹き、船はそのまま波に乗ることになる。ほかの場所なら対立が起きるかもしれないが、ここでは地元の人とビジターの暗黙の了解により、サーファーが海を離れて漁師が網や船を浜に上げるのを手伝うのだ。この慣例は、新しく海岸にやってきた人たちと、何百年も前から海岸で働いてきた人たちを結び付け、伝統と現代性の相乗効果となっている。そして、これこそがケララの生活ならではの特徴でもあるのだ。

ローカルのサーフィンインストラクター、ヴァーギーズ・アントニーは、滝のように崩れ落ちるエダバのリップに挑む（135ページ）。早朝の波打ち際は、サーファー、漁師、そしておなかを空かせた海鳥たちが、アラビア海のリズムに合わせて踊るかのようににぎやかだ（左ページ）。緑豊かなケララの土地では、紀元前3000年から世界中から熱望されたスパイスが生産されてきた（下）。

10代の頃に「ソウル&サーフ」の日曜クラブでサーフィンを覚えて数年後、プラヴィーン・ブイエスはインストラクターとしてチームに加わった。今では、エダバでゆったりスタイリッシュな乗り方を披露する、優れたロングボーダーに成長した（上）。

For Your Information

レベル：初級者から上級者まで。

ベストシーズン：腰から肩の高さの安定した波と朝のオフショアを楽しむなら、9月から5月の間が良い。

持ち物：豪雨で停電することがあるので、ヘッドランプと懐中電灯があると便利。

波がない時にできること：ヨガのクラスやアーユルヴェーダマッサージを受けるのもおすすめだ。

エピソード：コバラムは、世界初の人工サーフィンリーフが作られた場所のひとつだ。一時期は良い波を作ることに成功したが、台風で海底からリーフの一部が剥がれて以来、まともな波が立っていない。

おすすめのサーフスポット：i. ラクシャドウィープ諸島　ii. スリランカ南西部

イランサーフィンの
女性パイオニアたち

イラン
ラミン

　イラン最東端の海岸線、パキスタンとの国境に位置するチャーバハール郡。長年、危険な場所とされ、最近までこの地域に入るには特別な許可が必要で、観光地はほとんど存在しなかった。この10年で、この地の小さな村ラミンにイラン初のサーフィン拠点ができた。砂浜には夏の間、安定した波が立つのだ。

　この地域の可能性を見出したのはアイルランド人サーファー、イースキー・ブリトンで、2010年にイランの波に乗った初めての女性だ。3年後、今度は2人のイラン人スポーツ選手を誘って、再びこの海岸を訪れた。ダイバーでありライフガードでもあるシャーラ・ヤシニと、イラン初の女性スノーボードインストラクターであるモナ・セラジだ。ブリトンがラミンの海岸で彼女たちに飛び込みを教えると、村から子どもたちがやってみたいと押し寄せ、彼らにも教えることになった。ブリトンが去った後、ヤシニとセラジはサーフクラブを立ち上げ、定期的にセッションを続けている。

　そんな熱意とは裏腹に、地元の人たちは他の国から来た初級者に比べて、多くの問題に直面した。特に女性たちは全身を覆うことが法律で義務付けられているため、実用的なサーフウェアの入手に苦労したと、ヤシニは言う。

　イタリア人写真家のジュリア・フリジェリは、2013年にブリトンが行った旅のドキュメンタリーを見て、プロジェクトを立ち上げることにした。そして2017年、初めてラミンを訪れるとヤシニと親交を深め、その後数年の間にさらに2回やってきた。そのたびに、この場所で息づくサーフシーンが新たな段階に移ることを実感した。

2013年、シャーラ・ヤシニ(左上)とモナ・セラジは、アイルランドの故郷から旅行に来ていたイースキー・ブリトンに教えられ、イラン初の女性サーファーとなった。4年後、写真家のジュリア・フリジェリが訪れたラミンの村(左下)では、小さなサーフコミュニティが生まれ、ローカルやテヘランからの旅行者(右上、右下)に、定期的にワークショップを行なっている。

2019年にはラミンは人気スポットとなり、ローカルにとっては明らかな進歩に思われたが、同時に政府が管理するサーフィン協会も設立された。フリジェリの最後の撮影旅行では、もう男女が一緒に波に乗る写真を撮ってはいけないと言われたのだ。

彼女の写真では、生まれたばかりのサーフシーンの喜びが表現されているのだが、政治的な背景を無視するわけにはいかない。どの写真も、国の検閲官による審査と承認を受けなければならなかった。イランでは女性の権利が著し

く制限されており、そのためにスポーツができないという事実もある。そのような背景がありながらも、政府がサーフィンを行うことを許可し、奨励さえしたことは奇妙なことではある。

おもしろいことに「イランで波乗りするヒジャブサーファー」などの見出しで彼女の画像を掲載したメディアと同じように、公の機関の目に留まり、支援につながったのかもしれないと、ヤシニは考えている。

「イラン人女性がヒジャブ姿でサーフィンをする姿を映したドキュメンタリーは、当局にとって魅

力的だった」と、ヤシニは米アパチャー社が出版したエッセイの中で、ジャーナリストのハレ・アンヴァリに語っている。なぜか？　それは、女性のヒジャブ着用という法的要件が、いかなる制約にもならないことを証明するように見えたからだ。この写真は、ヒジャブ着用であっても、サーフィンがいかに個人の自由を尊重する手段になるかを見せつけると同時に、まったく別の目的を持つ人々によってプロパガンダの道具として利用される可能性もあることを、あらためて気づかせてくれた。

2017年にフリジェリが初めて訪れて以来、「ダヴィン・アドベンチャーグループ」主催の定期的なコーチングワークショップのおかげで、より多くのイラン人が波に乗り、サーフコミュニティは成長を続けている（上）。

For Your Information

レベル：初級者から上級者まで。

ベストシーズン：6月から8月が最も幸運な時期で、11月から4月はほとんど波がない。

持ち物：ボード、ワックス、フィン、リーシュ、その他サーフ用品はすべて持参することをおすすめする。

波がない時にできること：みごとなマルティアン（火星の意）山脈（メッリッヒー山脈）や不思議なピンクラグーンも要チェックだ。

地元のアドバイス：チャーバハール郊外のマーヒ魚肉缶詰工場付近にトップクラスのサーフィンスポットがあるという報告があるが、陸からのアクセスは不可能なので、ボートで連れていってもらう必要がある。

おすすめのサーフスポット：i. 西パキスタン　ii. 東オマーン

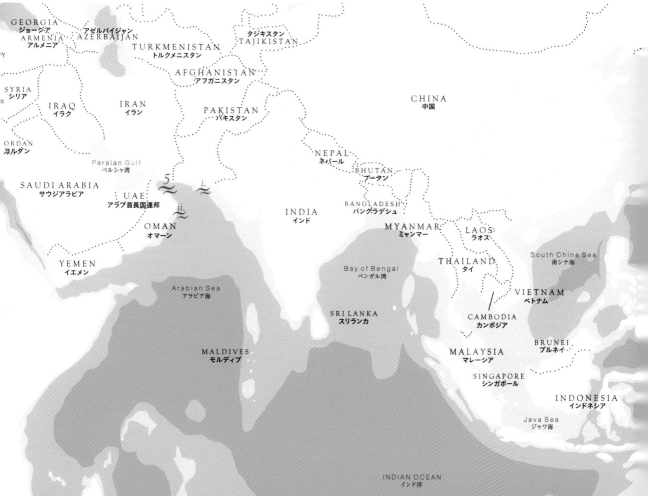

空白地帯で
蜃気楼を追いかける
オマーン

　アラビア半島の東端に位置する細長い国オマーンは、その広大な海岸線とユニークな文化の融合により、近年、中東のサーフィンの中心地となっている。

　オマーン湾で好天に恵まれることはまれだが、ラス・アル・ハッドから南へ延び、アラビア海に面した海岸は人気が高い。ここでは、台風が南からうねりをもたらす4月から9月にかけて、数多くのポイントで、安定して長く続く波を作ってくれる。この波の最初の常連になったのはドバイのサーファーたちで、2000年代前半には夏のうねりを待つために9時間かけて砂漠を越えてくるチームがいた。最近では、首都マスカットを拠点とするフィリピン人とオマーン人のグループがサーフクラブを設立し、東海岸への遠征を企画したり、道具を貸し出したり、子どもたちをサーフィンに誘ったりすることで住民コミュニティーを育み、着実な成長を見せている。

様々な波に恵まれたなマシーラ島の南側には、サラーラの町まで何百キロもジグザグと続く砂漠のような海岸線がある。このあたりは、アラビア海とエンプティ・クォーター（空白地帯）として知られるルブアリハリ砂漠との境界になっている。この砂漠は世界最大級で人を寄せ付けず、非常に起伏に富んだ地だ。海岸沿いには未整備の道路が続き、ラクダか四輪駆動車でしか移動できない砂丘が広がっている。高い崖がターコイズブルーの海に落ち込み、夏の

砂嵐がやってくるまでは透明度が高いのだが、いったん波が立つとカメやエイ、数種類のサメなど、さまざまな海洋生物が見えにくい濁った色合いになる。

この地域のサーフィンの可能性はまだ謎に包まれているが、2010年6月、猛烈なサイクロン「フェト」が海岸に上陸した時、注目に値する活動が行われた。写真家のセルジオ・ヴィラルバが同行したワールドクラスなサーファーたちで組まれた小規模な一行は、10日間、砂漠の道を

走りながら波を探し、星空の下でキャンプをした。漁師や地元のベドウィン族以外には誰も出会わなかったが、ほんの一瞬、沖合で自分たちが探していたものを見た。同じような入り江がいくつもある中、ある入江に、猛スピードでブレイクするライトのチューブが隠れていたのだ。猛暑と気まぐれな風、そして砂漠に翻弄される夜に耐えることができれば、オマーンにはまだ開拓されていないすばらしい波がたくさんあることを示していた。

白く輝く岩と水平線の間に「日陰」を見つけたブレット・バーリー(左ページ)。オマーンの砂漠地帯では、サーフィンに必要なものはすべて車の後部座席か、即席のルーフボックスを作って収めなければならない(右上)。寝床も調理場も、砂漠同様、過酷である(右下)。

広い湾に岩場が点在し砂浜が広がる海岸線は、良質なサーフスポットがある可能性を秘めている（上）。スペイン人のパブロ・グティエレスは、ボトムターン（波の底部で行なうターン）からリップを狙う（下、右ページ）。

For Your Information

レベル：初級者から上級者まで。

ベストシーズン：うねりがあり、酷暑と強風が避けられる時期は5月か9月。

持ち物：海水温が高くても風が冷たいので、ウェットスーツが必要な場合がある。

波がない時にできること：ベドウィンの家族と1日過ごし、彼らの豊かな文化的歴史を学ぶことができる。

地元のアドバイス：オマーンでは、どこかを訪れると必ず地元産のコーヒーとデーツをふるまってくれる。

おすすめのサーフスポット：i. 北イエメン　ii. 西パキスタン

幽霊を追いかけて：

Chasing the Ghosts:

of a Surfing Dream

サーフィンの夢の中

人類が初めて波に乗って以来、人はより良い波を見つけようと、衝動と夢に従い行動してきた。サーファーであれば、パーフェクトな波という理想を、いつも心の中に焼き付けている。この果てしない探究心が、サーフィンを唯一無二のものとし、文化を築き上げてきたのだ。しかし、果たしてパーフェクトな波は存在するのだろうか？　それがどこかにあるとして、本当にそれは見つけられるべきものなのだろうか？

BY JAMIE P. CURRIE

ジェイミー・P・カリー

変化しやすい岸では、海岸線を見渡せる高い場所を見つけることが重要だ。ほとんどの場合、波の存在は、ブレイクした波のホワイトウォーター（白波）にその痕跡が混ざり合って、よくわからない状態になってしまうが、ごくまれに、それらに囲まれて、完璧なピークをたたえた長くきれいなうねりのラインを発見することもできる。

探し物を求めて

サーフィンは、波に乗ることが目的ではない、と言う人がいる。探すことなのだ。完璧な波を求めることは、何かを探し続けたいという私たちの欲求の象徴でもある。バイキングが地球の果てに落ちてしまうかもしれない、不確かな地平線に向かって航海したように、サーファーもまた、存在するかどうかもわからない完璧なものを求めて、未知の世界に踏み出すことを余儀なくされてきた。

完璧な波とは、極めて主観的なものである。ある人はスケルトンベイよりウルワツが良いと言い、また別の人はマリブよりナザレが良いと言う。つまり、人それぞれなのだ。そして、完璧に見える人工波ができあがっても、それは私たちが望んでいたものとはまったく違う波であることも。人生もそうだが、目的地よりも旅路自体が大切なのだ。

実際、完璧な波というものは存在しない。到達すべきゴールもない。私たちが求めているのは、瞬間だ。サーファーなら誰しもが持っている、記憶に残る瞬間。恍惚とした表情で、他のすべてが粉々になったガラスのように崩れ落ちる瞬間。これこそが、私たちが望むすべてなのだ。

気づき、準備、そして解放

初期のサーファーたちは、好奇心と必要性から海に入ったと考えられる。サーフィンに関する最初の記述は1640年代のもので、現在のアフリカ大陸にあるガーナの波乗り文化について書かれている。現代の私たちのように波を求めて遠くまで旅することはなかっただろうが、古代ポリネシアの王から10世紀の中国の川乗りまで、世界中のサーファーたちの旅は未知の世界へと向かっていた。そして、彼らが発見したものは、今なお発掘が続けられている謎の宝物だったのだ。

155

サーフトリップに火がついたのは、1960年代初頭のことだった。オーストラリア人の冒険家ピーター・トロイの奔放なエピソードやブルース・ブラウン監督のドキュメンタリー映画『エンドレスサマー (Endless Summer)』への憧れは、新しい理想の象徴で、遠く離れた土地で心を解放したいという願いは、60年代特有の文化や社会の分岐点だった。サーフィンは、こうした変化に対しての気づきを与え、そのための心の準備をして、今まで文化や社会に定着していた既成概念や固定観念から解放されるための手段であった。

1963年、ピーター・トロイは、4年間にわたるサーフィンの旅に出た。当時、世界中を旅することは珍しく、困難なことも多かったが、その功績は伝説となった。あらゆる手段や方法を駆使して、南米、中東、ヨーロッパ、アフリカを旅し、いつもサーフボードを担いでいるその風体は、「グランドピアノを担いで世界を旅する」と揶揄され、変人扱いされたほどだった。しかし、見知らぬ土地でのその奇妙な風体こそが、人々の優しさと幸運を引き寄せたようだ。1987年に米『サーフィン (Surfin)』誌に掲載されたインタビューでは、訪れた国は130カ国、アフリカだけでも38カ国にのぼると語っている。彼は今でもサーフトリップのパイオニアとして語り継がれている。彼が旅先で体験したことは、単に良い波を発見できたということにとどまらない。

トロイの波を探す旅の頃、サーフィンの世界は比較的マイナーだったが、1964年の『エンドレスサマー』が、完璧な波を探すというロマンと理想をメジャーなステージに押し上げた。この映画の主役はロバート・オーガストとマイク・ヒンソン。2人が完璧な波を求め、4カ月にわたって世界中を旅する姿を記録し、ナレーションは監督のブルース・ブラウンが担当した。映画のクライマックスは、砂丘でよろけながらも南アフリカのケープ・サン・フランシスで、当時の完璧な波とされた4フィートのポイントブレイクを発見する場面で、それは今なおサーフィン映画の歴史において最も象徴的な瞬間とされている。「ヒンソンは、最初のライディングでつい

に完璧な波を見つけたと確信したのだ」と、ブラウンは誇らしげに、100万人のサーファーたちの夢のきっかけを作ったと語る。

この完璧な波との出会いは、マイク・ヒンソンの人生の頂点だったようだ。その後の彼は薬物やアルコールの問題に悩まされ、刑務所に入ったりホームレスになったりする時期もあった。そんな夢の波を見つけることは、本当に私たちが望むことだろうか。夢が手の届かないところにあるからこそ、夢に力があるのではないだろうか。

探し物の売り方

完璧な波というコンセプトは、サーフィン界に根付いた。サーフメディアの大半が、このコンセプトの上に成り立っているのだ。サーフィン雑誌は毎号、旅物語を売り物にしていた。サーフィン映画のシナリオは、ほとんど波の探索と発見を中心にしたものだし、サーフィン関連製品のブランドイメージは、波と旅へのこだわりを持って立ち上げられた。サーフキャンプやボートトリップが商売として世界中に誕生し、多くの人が消えゆく夢だと感じていたものは不滅のものになっていった。

70年代から80年代にかけてのサーフトリップブームでは、冒険家たちは明らかに2つのタイプに分かれていた。すなわち、自分たちが見つけたものがお金になると確信する人たちと、それが特殊すぎて長続きしないと先読みする人たちである。

前者は、サーファーの楽園とは程遠かったインドネシアの島々を、一夜にして世界的なサーフツーリズムの拠点へと変えた。オーストラリアに近いバリ島が、最初に開拓された。規則的で無限に続くかのようなウルワツのレフトは完璧な波の新しい理想となり、1972年の映画『地球の朝 (Morning of the Earth)』で世界に知られるようになった。さらに、この地域には未知の波があるという噂がサーファーたちの好奇心に火をつけ、まるで蓋があいたジャムに蜂が集まるように島にやってきた。インドネシアでの発見は数十年続き、現在でも時折、新たなスポットが見つかる。パダンパダン、Gランド（グラジガン）、メンタワイ諸島、デザー

トポイント、レイキーピーク……いずれも世界最高クラスの波として知られている。

しかし、波と自由を求める行動が、結果的に多くの秘密のスポットを失うという皮肉な状況を招いた。自慢げに、あるいは親切心から、自分の見つけたものを共有したいと思ったパイオニアや、サーフィンでひと儲けできると気づいた起業家たちは皆、自分たちが愛したそれらの波に、銃弾を浴びせたようなものだった。

今でも昔の夢を信じ、サーフィンをビジネスの対象とすることを嫌う純粋なサーファーたちが大勢存在する。彼らにとってサーフィンは、シンプルに自由を表現する手段であり、不確実性のシンボルなのだろう。疑問も持たず検証もせず、ただ気持ちいいからやる。サーフィンの旅は個人的なもので、決して儲けるためのものではない。そして、波を探す旅を続けるのは、自分にとっての完璧な波がまだ見つかっていないからなのだ。サーフカルチャーの根底には、探検と旅という夢がある。それは、南太平洋の密林の島から砂漠の果ての珊瑚礁までを飛び回ることかもしれないし、太平洋岸北西部の原生林の中を突き進むことかもしれない。あるいは、隠れた入り江で車中泊をすることかもしれない。どんな状況であれ、探し求めていることに変わりはない。世界中の何千人ものサーファーたちが、今もサーフィンの夢の亡霊を追いかけ続けているのだ。

しかし、利益を追求することとシンプルな喜びは対立し、未解決の問題を生み出している。有名になったスポットはますます混雑し、その結果、サーフカルチャーは喜びの追求と、利益の追求の狭間でバランスを取るようになった。また、現在サーフィンの世界には根強い秘密主義がある。しかし地理的な条件やインターネットの普及を考えると、これはいささか皮肉なことである。今や、秘密のスポットなどほとんどない。それでもサーファーにお気に入りのスポットを尋ねると、決まって苦い顔をされるのだ。この写真集に掲載した作品の撮影場所をある写真家に尋ねると、彼はこうコメントした。「口は災いのもとさ」と。

今や、秘密のスポットなどほとんどない。
それでもサーファーにお気に入りのスポットを尋ねると、
決まって苦い顔をされるのだ。
この写真集に掲載した作品の撮影場所をある写真家に尋ねると、
彼はこうコメントした。「口は災いのもとさ」と。

サーフィンは実際に波に乗る時間よりも、探す時間、準備する時間、パドリングする時間のほうがはるかに長いという、スポーツの中でも特異な存在だ。サーフィンを楽しむコツは、そんな時間を大切にすることだ。

王国の中のすべて

　サーフィンに誤解があるとすれば、波に乗るという行為が何らかの役に立ち、啓蒙的であるとさえ思われていることだ。実際は、取るに足らない行為なのだ。確かに、海に入ることで健康面のメリットはあるだろう。また、自然界とのふれあいや自然を愛する気持ちから得られるものがあるのは間違いない。しかし、多くのサーファーにとっての本当の価値は、そんなこととはまったく関係がない。人生の中で、実際に波に乗る時間など、ごくわずかなのだ。

　サーフィンの世界では、完璧を求めると手が届かなくなる。「完璧な波」を作るには、物理的、形而上学的に、無限の変数がある。波の真の美しさとはその完璧さではなく、不完全さに宿るからこそ、私たちは続けることができるのだ。7歳だろうが70歳だろうが、最高の波が待っているかもしれない。だからもっともっとサーフィンをしたいと思うのだろう。サーフィンの真の喜びとは、完璧な波を見つけることでも、ましてや探すことでもなく、どこかにそれらが存在するという希望を持つことなのだ。だから、完璧な波に乾杯。永遠にそれが見つからないことを祈ろう。

ALASKA (UNITED STATES)
アラスカ(アメリカ合衆国)

4

Gulf of Ala
アラスカ湾

ALEUTIAN ISLANDS
アリューシャン列島

北アメリカ

1 アメリカ合衆国　マーヴェリックス
2 アメリカ合衆国　マリブ
3 カナダ　トフィーノ

4 アメリカ合衆国　アラスカ州

NORTH PACIFIC OCEAN
北太平洋

CANADA
カナダ

3
≈

UNITED STATES
アメリカ合衆国

1
≈

2
≈

MEXICO
メキシコ

カリフォルニアの
冷酷なスタジアム

アメリカ合衆国
マーヴェリックス

　マーヴェリックスは、アメリカ本土では最も危険な巨大な波がブレイクするスポットで、カリフォルニアの明るい「サーフシティ」のイメージをくつがえす、恐ろしく強烈な場所である。

　ここは、ピラーポイントから約800メートル沖に位置し、ホホジロザメが濁った水面を旋回している。水温は低く、波は凍てつく峰のように立ち上がり、ギザギザの岩礁が入り組んだインパクトゾーン（崩れたリップが水面に当たる場所）に一気に打ちつける。ある人は「墓場」と呼び、「チーズおろし器」と呼ぶ人もいるが、この波でサーフィンをするということは、いずれは北太平洋の猛威にさらされるのだということを、誰もが承知している。

　サンフランシスコに近いにもかかわらず、20世紀の間マーヴェリックスの波に乗る人がほとんどいなかったのは、不気味な白波の形がその理由である。実際、ある男が1975年に初めて波に挑んで以来15年間、ほかにこの波に乗った人はひとりもいない。彼の名はジェフ・クラーク。そのパイオニアとしての活躍は、まさにサーフィン界の伝説である。

　ハーフムーンベイで育ったクラークは、ポイントを見下ろす丘の中腹にある地元の高校に通っていた。毎年、冬になると水平線近くで割れる巨大な波を眺めていた彼は、サーフィンが上達するにつれ、その波に乗ることが目標になった。17歳になったばかりの9月のある日、彼は友人のブライアンに「行くぞ」と告げた。だが、他のサーフィン仲間同様、ブライアンも一緒に行くことを断った。その後の10年間、クラークは完全にひとりでマーヴェリックスの波に乗り続けたのだ。

　1990年代初頭になってようやく、彼は少し南にあるサンタクルーズからやってきたサーファーたちに、

波を見に来るよう呼びかけた。やがてハワイサイズの波がブレイクしているという彼らの話を聞いて、さらに数人のサーファーが訪れるようになった。クラークが気づけば、マーヴェリックスは米『サーファー（Surfer）』誌の表紙を飾るまでになっていた。

このビッグウェーブスポットの危険性が明らかになったのは、多くの人がサーフィンの限界にチャレンジし始めてからである。1994年のクリスマスの数日前、ローカルとハワイのサーファーたちが集まってきた。その中にはワイメアでの活躍で知られるマーク・フーもいた。その日は快晴の朝で、波は冬の太陽に輝いていた。何度

かライディングに成功したフーは、すぐにやってきた比較的小ぶりな15フィートの波にすかさず乗ろうと試みた。しかしテイクオフに失敗すると、あっという間に波に飲み込まれた。壊れたボードが白波に浮かび上がり、数時間後、彼の無残な遺体がラグーンに浮いているのが発見された。「好きなことで死ぬのは悲劇ではない」と、数年前のインタビューで語った彼の言葉は有名だ。しかし、その日はサーフコミュニティにとっては暗黒の日となり、それはマーヴェリックスに挑戦するすべてのライダーに警鐘を鳴らす悲惨なできごとだった。

その後数十年間、ボードから吹き飛ばされ

たり、迫力あるライディングを決めたりするたびに、このスポットの「悪評」は上がり、ビッグウェーブサーファーが自分の実力を証明するために行くべき場所として名を馳せた。21世紀に入って以降、毎年冬になると、多くの新顔がここにやってくる。しかし2021年、このブレイクで史上最高と評される波をつかんだのは、51歳のローカルヒーロー、ピート・メルだった。マーヴェリックスに関して言えば、目を輝かせて虚勢をはる者や膝が柔軟に動く若者より、数十年の経験のほうがはるかに重要なのだ。巨大なチューブに対し、心臓が止まるようなドロップを見せた彼が、それを証明してくれた。

ハーフムーンベイから港を挟んだピラーポイントまでの見晴らし。その先に巨大なマーヴェリックスのAフレームと呼ばれる左右に割れる波がブレイクしている（162-163ページ）。ピーター・メル（右ページ）のような世界的に有名な人物から、マット・ベッカー（上右）のような地味なローカルヒーローまで、さまざまなサーファーが集まるのが定番だ。インサイド（サーフポイントにおける岸側）では危険な岩がサーファーを待ち構えている（下右）。

波から岸に目を向けると、空軍の衛星とランチョ・コラル・デ・ティエラの雄大な山々に圧倒される（上）。マーヴェリックスのレフトは、有名なライトに割れる波より難しく危険とされ、敬遠されてきた。しかし、近年、少数のメンバーがその空洞の内部を巧みに操ろうと努力している。その攻略に成功したウィル・スカーディン（下）。

For Your Information

レベル：ビッグウェーブのエキスパート限定。

ベストシーズン：11月から3月の冬の間、最も大きくパワフルなうねりがやってくる。

持ち物：マーヴェリックスでは、ほとんどの人が長さ9〜11フィート（2.7〜3.3メートル）のビッグウェーブ用のサーフボード（ガン）で挑む。

波がない時にできること：近くのオーシャンビーチでも楽しくサーフィンができるだろう。オーシャンビーチにも波がない場合は、サンフランシスコの華やかな町の光を楽しもう。

地元のアドバイス：マーヴェリックスというポイントの名は、1960年代後半にピラーポイントのインサイドで波に乗ろうとした飼い主を追いかけて海に飛び込んだ犬にちなんで名付けられた。

おすすめのサーフスポット：i. サンタクルーズ　ii. サンタバーバラ

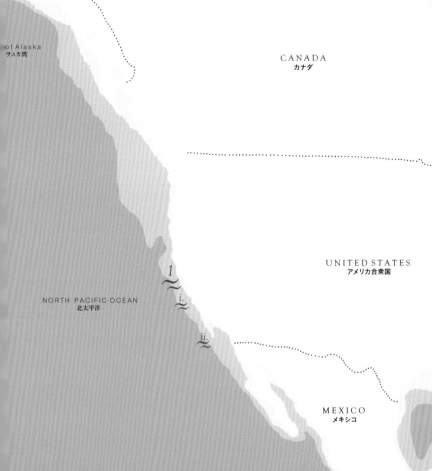

of Alaska
アラスカ湾

CANADA
カナダ

NORTH PACIFIC OCEAN
北太平洋

UNITED STATES
アメリカ合衆国

1
i.
ii.

MEXICO
メキシコ

巨大な波に増幅する恐怖心

Increments of Fear

in the Land of the Giants

地球上で最大の波を制覇したいという願望を理解できる人は少ない。しかし、それは私たちの好奇心を刺激してやまない行為だ。世界各地に点在する巨大で凶暴な波は、それぞれ独自の個性と危険性を秘めている。大きな嵐に見舞われると、波は活気を増していく。すると、ここぞとばかりにその波を狙うサーファーが登場する。

BY JAMIE P. CURRIE

ジェイミー・P・カリー

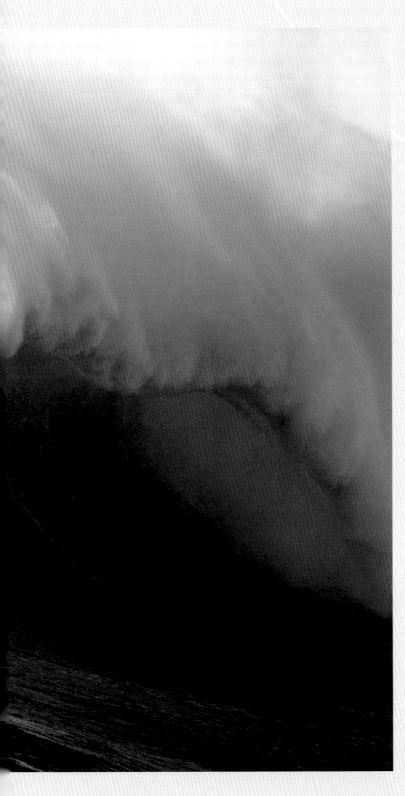

アルビー・レイヤーのジョーズへの挑戦こそ、現代のビッグウェーブサーファーの「栄光か死か」という考え方を象徴している。過去5年間、彼は歴史的なライディングと、死に至るかもしれないワイプアウト（ボードから転落する）をほぼ同じ割合で経験してきた。

根源的な恐怖

　サーフィンに人々を魅了してやまない要素があるとすれば、それは巨大な波を追い求めること。何百トンもの水の力を全身で受け止めることがどんなことか、私たちの多くは知る由もないだろう。水面がどこなのかもわからない漆黒の闇に翻弄され、手足がもげそうになり、肺が破裂しそうになりながら、自分の死と向き合う。そんな気持ちにも共感できない。

　ビッグウェーブサーフィンは、本質的な部分で恐怖心を煽る。巨大な波には、ライオンの咆哮のような根源的なパワーがあり、どこからともなく深い唸りが響いてくる。それは、誰に学ぶまでもなく、恐怖を覚える音だ。リーフで爆発する巨大な波は、その音が聞こえるだけではなく、体の芯で感じることができるのだ。ビッグウェーブサーファーは無謀で勇敢だと誤解されているが、むしろ、恐怖に捕われているのだ。登山家や極地探検家が未知の世界に飛び込み、栄光か死かという分水嶺に立たされるように、サーファーたちもまた、パドリングを続け、誰も理解できない人間の根源的な恐怖を味わい続けるのだ。

波の大きさ

　波の大きさをどう測るか、どう定義するか、サーフコミュニティーで広く議論されている。ある場所のサーファーが10フィートの波と言っても、他のサーファーは20フィートと言うかもしれない。議論する時には、たとえばギネスブックに登録されている最大の波を引き合いに出したりする。しかし、すべてのサーファーがそれに同意しているわけではない。

　史上最大の波の記録は、2020年10月、ポルトガルのナザレでドイツのセバスチャン・スチュードナーが対峙した、86フィートというモンスター級の波である。女子の記録は、ブラジルのマヤ・ガベイラが2020年2月に同じ場所で乗った73.5フィートの波だ。これを僅差で追うのが、同じ日に70.5フィートを制覇したフランスのジュスティーヌ・デュポン。この2つの波は女性が制覇した最大の波であるだけでなく、男女を通して5番目と6番目という大きさの波でもある。サイズに関する議論はともかく、地球上で最も恐ろしい波を相手にする場合、数フィートの差はほとんど問題にならない。頭の高さにも満たない波でも、そのパワーに驚いたことのある人なら、誰でもそう思うはずだ。

巨大な波が立つ場所

ビッグウェーブサーフィンの正確な起源を明らかにすることは難しい。神話として存在し、口承によってのみ伝えられてきたからだ。初めて人が巨大な波に向かってパドルアウトした時、その瞬間をとらえるカメラも、様子を語るジャーナリストもいなかった。たまたまその場に居合わせた人たちが目を丸くして見守り、水の壁際で小さくなった人影が二度と戻って来ないのでは、と恐れていただけだ。

ハワイ・オアフ島ノースショアのワイメア・ベイが注目されるようになったのは、その様子がフィルムに収められたことが大きい。1957年、映画監督のバド・ブラウンが、カリフォルニア出身のグレッグ・ノールと少数の仲間たちがワイメアの波に挑む様子を撮影した。これが前例となり、1990年代初頭までこの場所は世界から注目され続けた。その後、より大きくて質が高く、安定した波が立つ場所が次々と出てきて、ワイメアは影に隠れたが、それでもビッグウェーブ伝説のシンボルであることに変わりない。

大波の探求は世界へ

今日、世界有数のビッグウェーブスポットは広範囲に広がっており、それぞれが個性的で危険をはらんでいる。ハワイのレジェンド、バジー・トレントの有名な名言がある。「波はフィートで測るものではなく、恐怖の単位で測るものだ」。ビッグウェーブハンターは、この増幅する恐怖とアドレナリンを追い求め、世界のあらゆる場所に出現している。

ハワイ・マウイ島のピアヒは、俗に「ジョーズ」と呼ばれ知られるポイントであり、60フィート以上の波が立つ。トウインサーフィンの発祥地でもあり、1990年代、レアード・ハミルトン、デリック・ドーナー、デイブ・カラマらローカルサーファーたちが、ジェットスキーでサーファーをけん引して波に追いつき、乗る方法を考案した。それ以来、ジョーズは究極の美しさを持つ、ビッグウェーブの金字塔として広く注目されている。

カリフォルニアでは、ハーフムーンベイのマーヴェリックスという名の波が、ビッグウェーブの歴史に永遠に刻まれる物語の舞台となった。この波を初めてとらえたのは、当時17歳のローカルサーファー、ジェフ・クラークだ。彼は自作のボードでたったひとりで波に立ち向かい、その後15年の間、彼に追随する勇者は現れなかった。クラークの大胆さを理解するには、その背景を知る必要がある。マーヴェリックスは、人を誘うような場所ではない。冷たくて、暗くて、ギザギザの岩が並ぶ海岸線に面し、高さ50フィートにもなる波は、岩棚にぶつかって激しく砕け散る。その下の海中洞窟やリーフの突起がリーシュや手足をつかんで、絶壁を乗り越せなかったサーファーを閉じ込めてしまう。しかも、この辺りには小型潜水艦サイズのホホジロザメが徘徊している。

にもかかわらず、10代のジェイ・モリアリティはじめ、多くのサーファーがこの波に魅了され、その物語は映画『マーヴェリックス／波に魅せられた男たち（Chasing Mavericks）』で不滅となった。モリアリティは、数あるサーフィンの写真の中で最も象徴的な被写体のひとりでもある。ある写真では、彼はマーヴェリックスの切り立つリップの前で、水面から30フィートもの空中に浮かんでいる。まっすぐ空に向けられたボードの後ろから、ジェイの伸ばした腕だけが見え、結果的にその姿は十字架を連想させ、『アイアンクロス』と呼ばれる記念碑的写真となって後世に語り継がれた。この写真が撮られた時、彼はまだ16歳だった。

次に世界を魅了した巨大な波は、タヒチ島で発見された。この波、チョープーは、ビッグウェーブサーフィンの概念を覆す、奇想天外な波だった。沖合わずか約530mの海底は深さ305メートル、約5キロ先では1,500メートル以上もある。はるか彼方から太平洋の海原を渡ってきたうねりは、海面下の深い谷から岸近くの浅い岩棚にぶつかり、あたりの水を吸い上げながら急激に立ち上がり、大量の水を蓄えたぶ厚いリップを持つ、世界でも類を見ない波を作り出すのだ。

20世紀末、ハワイのサーファー、レアード・ハミルトンは、ミレニアムウェーブとして知られる波にトウインで挑んだ。その波はあまりにも異質で、それまでの波とはまったく違うものだったため、サーフィン雑誌はその波が実際に存在することを証明するために躍起になり、ついにはすべての雑誌の表紙を飾ってしまった。写真で見るハミルトンは、まるで巨大なガラスの洞窟に包まれているようだ。リップの厚さは波の高さとほぼ同じだが、浅瀬のリーフで爆発するまで割れる気配を見せていない。その様子は今なお印象的だ。

そして2000年代半ば、ポルトガルの小さな町ナザレで何世代にもわたって漁師たちを苦しめてきた波が、世界のビッグウェーブコミュニティによって注目を浴びることになった。近年、ナザレがビッグウェーブの中心地と言われるのには、2つの要因がある。ひとつは地形的な特異性で、海底に漏斗状に削れた谷が大西洋のうねりのパワーを余すところなく岸に伝え、地球上で最大の波を生み出す。もうひとつは、波飛沫が顔にかかるほどの近さで、その光景を眺め体験できることだ。サーファーたちがすぐそばでモンスターと対峙する日には、崖の上の灯台に大勢の人が集まり、その一帯はあたかも古代ローマ時代に命がけの戦いに挑んだグラディエーターを見守るかのような光景になる。マンガからそのまま飛び出してきたような波があれば、まさにそれがモンスターと呼ばれる波である。

危険な芸術の進化

ビッグウェーブサーフィンは、道具や波によっていくつかのジャンルに分かれて発展してきた。大きく分けると、ジェットスキーを使うか、自分のパドリングで波を捕まえる純粋さを好むか、という違いである。つまり、美意識の違いだ。

巨大な波はパドリングでは追いつけない速さなので、助力なしで乗れる波のサイズには限界がある。パドリングの速度と効率はサーフボードの長さと体積に比例して増すので、長さ10フィート（3メートル）以上の厚いボードが必要だ。このようなボードは、パドリング性能は高いが、波乗りの際の操作性が大きく損なわれる。

ジェットスキーの登場により、波の大きさの限界が広がった。トウインサーフボードは、従来のボードよりも短く、足を固定するストラップも付いているため、よりコントロールしやすくきついターンが容易にできる。これにより、カイ・レニーやアルビー・レイヤーといった先進的なビッグウェーブサーファーは、パドルインでは不可能だった巨大な波の上で、スノーボードのように空中に飛び出し回転技を決めるエアリアルマニューバー（1本のライディングで技やテクニックを組み合わせて描くライン）や、チューブライドを実現させた。

トウインサーフィンは、地球上の巨大波に乗る唯一の方法であることに変わりはないが、サーフィンの本質的な価値観はパドルインにあると考える純粋主義者からの反発を招いた。賛否両論あるようだが、多くの人は両者のいいとこ取りをして、あるサイズまでパドルイン、大きくなりすぎたらトウインという方法をとっている。

個人の好みはともかく、ビッグウェーブサーフィンの進化と安全性において、ジェットスキーが大きな役割を担ったことに変わりはない。ビッグウェーブサーフィンの危険性は高いが、このスポーツでの死亡者は思うより少ない。ジェットスキーの登場はもちろん、ワイプアウトしたサーファーを素早く浮上させる二酸化炭素入り膨張式ベストも助けになっている。多くのビッグウェーブサーファーは万全の準備をし、安全性を重視した考え方でその情熱と向き合っているのだ。この種のサーフィンをするには、準備と計算されたリスク管理が欠かせない。

プロのビッグウェーブサーファーは、いつも台風を注視している。台風は、大きなうねりを大陸から大陸へと移動させ、世界のさまざまな場所で競うように同じ波を発生させる。サーファーたちは、筋肉、肺活量、メンタルの回復力を鍛えるために絶えずトレーニングをして、「その日」が来た時にすべてを捧げられるように備えているのだ。

ハワイのレジェンド、バジー・トレントの有名な名言がある。
「波はフィートで測るものではなく、恐怖の単位で測るものだ」。

175

限界を超える

　ビッグウェーブサーフィンは、人間の可能性を試すという本能的な行為であり、自らを伝説の世界に刻み込む。世間の関心とは裏腹に、ほとんどのビッグウェーブサーファーは愛すればこそ波に乗るのであり、その意味ではサーフカルチャーの中では純粋な一面を保っている。なぜ中毒性があるのか、その理由は簡単だ。サーファーが追い求めるのは、一生に1度のチャンスかもしれないうねり。一生に何度もあることではないのだ。1本の波で、歴史に名を残すかもしれない。実は私たちは、サーフィンをした最大の波がどんなものなのかまだ知らない。100フィートの波に乗った人はいるのだろうか。ある人はイエスと答え、ある人はあり得ないと言う。山を制覇するほど単純なことではない。なぜなら、サーファーの山は現れては消え、成長し続けているからだ。

　ビッグウェーブサーフィンは男性向きだと思われていたが、時代は変わりつつある。キアラ・ケネリー、ペイジ・アームス、ジュスティーヌ・デュポン、マヤ・ガベイラに代表されるように、女性サーファーたちが世界中でモンスターウェーブに挑み続けている。この世界に女性サーファーが加わるまでには時間がかかったが、今、確実にその地位を築いている。

　今日も巨大な波は、地球上のどこかに存在している。変わりやすい条件がかみ合うのを待ちながら。ビッグウェーブを追い求めることは、もどかしくもあり、どこか観念的な試みとも言える。いずれにしても、世界中のサーファーがビッグウェーブを追い続けることは確かなのだ。

アイルランドのマラモアは、2000年代に入ってからビッグウェーブスポットの仲間入りをした比較的新しいブレイクだ。しかし、ローカルサーファー、コナー・マグワイアによる記録に残るライディングは、その波のサイズと質において、太平洋の波と肩を並べる存在であることを実証している。

最初の
パーフェクトウェーブ

アメリカ合衆国
マリブ

　50年代から60年代にかけてのアメリカのサーフィン史において、最も注目を集めた場所、それがマリブである。ここの波は誰が見ても完璧に近く、南カリフォルニアのビーチカルチャーだけでなく、アメリカ本土全域にサーフィンの爆発的流行をもたらした。マリブはサーフボードの進化とスタイルも決定付けた。ここの波に乗るサーファーには、ブレイクに合わせて効率的な動きで巧みにボードの上でポジションを微調整するトリムというテクニックが求められ、それによって波のパワースポットを、常にグライド感（滑走する感覚）を得ながらライディングできる。

　マリブには多くの伝説があるが、その栄枯盛衰を物語るの2人の人物がいる。ミキ・ドラとキャシー・"ギジェット"・コーナーだ。2人はこれ以上ないほど対照的だが、マリブを愛し、自分たちだけでなく多くのフォロワーたちの人生も左右することになった。

　コーナーは小柄で、サーフィンをこよなく愛するティーンエイジャーだった。彼女のマリブでの冒険は、作家である父親によって一部フィクション化されて小説になり、ベストセラーとなった。その後、映画化されテレビでも放映されるなど、成功を収めた。その結果、アメリカのサーフィン熱は高まり、特にマリブでは何千人もの新しいサーファーが波を求めてビーチに押し寄せるようになった。

　一方、ドラは長身で日焼けしていて、そのルックスと雰囲気によって、一時期マリブでは誰もが認めるキングの名をほしいままにしていた。波の上での流れるようなスタイルと、陸上での奔放なライフスタイルで名を馳せており、実際、やっかいな伝説も残している。サーフィンがブームになるや、特にマリブでのサーフィンは衰退すると宣言し、アメリカを脱出。詐欺の容疑でＦＢＩに追われながら世界中を放浪した。現在、彼は反体制的なサーフィンのライフスタイルの象徴として、多くの人々に認知されている。

　かつてマリブは、堂々と、優雅に、そして楽しくサーフィンが行なわれる夢の場所だった。しかし現在では、パーフェクトな波の歴史にその名を刻むことはなく、特に群がる群衆による混雑の影響により、その地位は失墜した。今でも理想を掲げているものの、それは永遠に失われつつある。多くのサーファーは、今でも完璧なマリブの波を独り占めしたいと思っている。ボードデザイナーの先駆者デール・ベルジーは、マット・ウォーショウの著書『サーフィンの歴史 (The History of Surfing)』の中でこう語っている。「マリブでサーフィンをする人は、誰もが気持ち良さそうだった。いつも優しい波だったから」。そんな波に再び出会えるように、幸運を祈る。

サーフ＆スケートボードチーム「Z-Boys」のオリジナルメンバーであるアラン・サルローは、現在、ミキ・ドラ、キャシー・"ギジェット"・コーナーと肩を並べ、マリブの殿堂入りを果たした（右ページ）。

For Your Information

レベル：初級者から上級者まで。

ベストシーズン：混雑していない時ならいつでも。

持ち物：昔ながらのロングボードとビーバーテールのウェットスーツ。

波がない時にできること：南カリフォルニアにいるのだから、1～2日、人間観察を楽しもう。美女や有名人、イカれた人たちがいるはずだ。

地元のアドバイス：丘から来たよそ者よ、さっさと帰れ！

おすすめのサーフスポット：i.南ロサンゼルス　ii.オレンジカウンティ

Alaska
カ湾

CANADA
カナダ

NORTH PACIFIC OCEAN
北太平洋

UNITED STATES
アメリカ合衆国

MEXICO
メキシコ

バンクーバー島の
インフルエンサー

カナダ
トフィーノ

　トフィーノは、バンクーバー島西海岸の、親指のような形をした半島の先端に位置している。山脈や海、スギやモミの雄大な原生林に囲まれたこの地では、人の手による建築物など自然の壮大さの前では圧倒されてしまう。1960年代から70年代にかけて、森で働く人、ベトナム戦争の徴兵から逃れた人、土に近い暮らしを望む入植者たちが集まってきた。人けのないビーチの裏手に小屋を建てる人がいて、その中のわずかなサーファーが、海岸沿いの豊かな波を探しに出た。そして数十年後、彼らが蒔いた種は、ありそうでなかった活気に満ちたサーフタウンとして成長を遂げた。その発展を支えた2人の破天荒なイベント主催者には、先見の明があった。

ひとりはドム・ドミックで、ロングビーチに良い波があるという噂を耳にし、1986年にその砂浜に現れた。当時、トフィーノといえば漁業と伐採の中心地で、観光業はほとんどなく、サーフコミュニティも小さく人目に付くことはなかった。しかし2年間この地を視察したドミックは、この地がサーフィン大会に最適な場所だと確信した。その噂は瞬く間に広がり、2年目には数百人のギャラリーがこの海岸に集まり、週末にはお祭り騒ぎになった。その後、地主から中止を言い渡されたが、この2年間でトフィーノのサーフィンの可能性に気づいた人は少なくなかった。

10年後、ドミックがサーフジャムを開催するために再び訪れた時には（今度は公園当局の許可を得て）、すでにローカルサーフシーンは開花していた。大ブランドのバックアップを受け、賞金やスポンサーも付くようになり、ローカルトップサーファーがプロになる道が開かれた。ラフ、セップ、キャサリンのブルーウィラー一族が表彰台から遠ざかることはなく、60年代のサーフ小屋のオーナーの息子、ピート・デブリーという若き新鋭が、彼らの後を追った。

2009年、この草の根イベントが国際イベント「コールドウォーター・クラシック」に移行すると、デブリーはハワイやオーストラリアのトップ選手たちを抑えて優勝し、サーフィン界に衝撃を与えた。もちろんドミックはマイクを片手に、地元の大観衆と一緒になって喝采を上げた。この日以来、トフィーノはサーフィンの地図にしっかりと刻まれることになった。

翌年、再びこの地を刺激する、まったく新しいイベントが登場した。それはクリッシー・モンゴメリーが主催する「クイーン・オブ・ザ・ピーク（QOTP）」で、トフィーノの女性サーファーたちの熱狂的な支持を集めたイベントだ。「サーフシスター・サーフスクール」の運営に長年携わってきたモンゴメリーにとっては自然な成り行きだ。彼女は、より多くの女性がサーフィンを楽しみ、サーフィンをしている女性たちを正しく評価してもらいたいという願いを抱いていたからだ。

12年経った今もこのイベントはしっかりと続いており、彼女の思いは届いている。現在、トフィーノには何百人もの熱心な女性サーファーのホームになっていて、国際的に有名なオーリン姉妹やハンナ・スコットなどを輩出。その名声がQOTPに箔を付けたとも言える。「これまで、女性を歓迎したり、まともに扱ったりするコンテストはなかった」と彼女は言う。「これはまさに驚くような進化よね」。

若手ライダーのサノア・オーリンがリップを攻める（上左）。山や原生林に囲まれて、この地域で最良のライトの波がコブルストーンポイントに沿って続く（上右）。取り扱い表示のラベルには記載されていないが、朝サーフィンの後、ビーチの焚き火の前にウェットスーツを吊るしておくと、2ラウンド目にウェットスーツの着心地が良くなる（下左）。

地元のポイントブレイクで、逆光に輝くスプレー（ターンのときに起きる水飛沫の弧）を上げるピート・デヴリー（上）。水温が低く、頭からつま先までネオプレン（合成ゴム）のウエットスーツに覆われながらも、満面の笑顔で楽しむハンナ・スコット（下）。トフィーノの潮の干満差は最大13フィートで、1日のうちにビーチの広さや形が大きく変化する（右ページ）。

For Your Information

レベル：初級者から上級者まで。

ベストシーズン：楽しいサイズの波と落ち着いた気候を求めるなら6月から8月。大きなうねりと荒々しいコンディションを求めるなら冬がおすすめだ。

持ち物：熊よけスプレー。静かなビーチや森の中のトレイルで遭遇するかもしれない。

波がない時にできること：ホエールウォッチングツアーは世界的に有名で、クレイコット湾ではシャチやザトウクジラが定期的に目撃されている。

地元のアドバイス：うねりが小さければ、コックス・ベイに向かうと良い。町内で最も開けた場所にあるこのビーチには、常に小さな波が立っている。

おすすめのサーフスポット：i. オレゴン州北部（アメリカ）ii. ハンボルト郡（アメリカ）

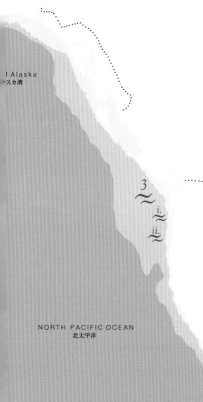

f Alaska
スカ湾

CANADA
カナダ

$\underset{\approx}{3}$
$\underset{\approx}{i.}$
$\underset{\approx}{ii.}$

UNITED STATES
アメリカ合衆国

NORTH PACIFIC OCEAN
北太平洋

MEXICO
メキシコ

北米の名も知れぬ
フロンティア

アメリカ合衆国
アラスカ州

　北米大陸の北西端に位置するアラスカは、サーフィンの最後の開拓地のひとつである。この数十年、広大で極寒の海岸線に波を求め、少人数の勇敢なサーファーたちがアラスカを旅してきた。中心人物はカリフォルニア州サンタクルーズ出身のジョシュ・マルコイで、1990年代初頭にこの地の虜になって以来、毎年のように足を運んでいる。お気に入りの場所の地名は明かしていないが、世界最高峰の海岸山脈に数えられるギザギザの雪峰を背景に、サンドバーを剥ぐような気まぐれなレフトのブレイクが特徴的な漁師町である。マルコイのような訪問者に触発されて、この町にサーフクラブやショップができ、小さなローカルコミュニティが形成されている。最近では、地元の子どもたちに波乗りの楽しさを知ってもらうために、経験豊富なメンバーたちがサーフイベントを開催するようにもなった。

　毎年この地に来ていたマルコイは、2019年、オレゴン州を本拠地とする写真家のマーク・マクニスなど、友人を誘った。ある朝、雪に覆われたビーチを車で走っていたところ、一行の車が故障し、いつもなら素通りする海岸に足止めされた。四輪駆動車の修理に取りかかると、前方にできたばかりのサンドバーで形のよい波が割れているのが見えた。数日後、大きなうねりが来るとその場に戻り、そこが完璧なサーフスポットであると確信した。「歓声を上げ、叫び、そして慌ててボードをトラックから引き剥がした音しか覚えていない。自分が見ているものが信じられない、そんな心境だった」と、マクニスはその瞬間を振り返る。

　マクニスの写真には、サーフィンの大発見の下地となる幸運なめぐり合わせが、美しい環境とともに表現されている。マルコイにとっては、波の良し悪しにかかわらず、何度もこの地を訪れたこと自体が価値あるものになった。

誰もいないビーチの美しさを堪能したり（上）、透明度の高い波をえぐったり（下）、ウェットスーツのフードにひとはけの雪を集めたり（右ページ）。波だけでなくこんな体験のすべてが、ジョシュ・マルコイが何度もアラスカに戻ってくる理由なのだ。とはいえ、この完璧なAフレームを偶然発見したことで、さらに喜びが増したのは確かだ（192-193ページ）。

For Your Information

レベル：初級者から上級者まで。

ベストシーズン：一年中波が立つが、9月がベストコンディションになる可能性が高い。

持ち物 ：暖かく、防水性の高いウエットスーツ。この地域では、気温が摂氏13度を超えることはほとんどなく、1年のうち240日は雨や雪が降る。

波がない時にできること ：氷河を見たり、フィヨルドでシーカヤックを楽しもう。

エピソード ：マルコイが見つけた名もなき町は、かつては金鉱、木材加工、毛皮貿易の中心地で、現在では漁業が経済活動の中心となっている。

おすすめのサーフスポット：i.アリューシャン列島　ii.シトカ

ALASKA
アラスカ

4
≈

Gulf of Alaska
アラスカ湾

ii.
≈

CANADA
カナダ

i.
≈

AN ISLANDS
ーシャン列島

NORTH PACIFIC OCEAN
北太平洋

UNITED STATES
アメリカ合衆国

中央・
南アメリカ

8

EASTER ISLAND (CHILE)
イースター島(チリ)

SOUTH PACIFIC OCEAN
南太平洋

XICO
メキシコ

Gulf of Mexico
メキシコ湾

NORTH ATLANTIC OCEAN
北大西洋

CUBA
キューバ

5

BELIZE
ベリーズ

GUATEMALA
グアテマラ

HONDURAS
ホンジュラス

EL SALVADOR
エルサルバドル

NICARAGUA
ニカラグア

Caribbean Sea
カリブ海

1

4

COSTA RICA
コスタリカ

PANAMA
パナマ

3

VENEZUELA
ベネズエラ

ガイアナ
GUYANA

SURINAME
スリナム

FRENCH GUIANA
フランス領ギアナ

ガラパゴス諸島
GALAPAGOS ISLANDS

COLOMBIA
コロンビア

ECUADOR
エクアドル

6

BRAZIL
ブラジル

PERU
ペルー

BOLIVIA
ボリビア

PARAGUAY
パラグアイ

CHILE
チリ

7

URUGUAY
ウルグアイ

ARGENTINA
アルゼンチン

FALKLAND ISLANDS
フォークランド諸島

ようこそ、
手に負えない
メヒ・パイプへ

メキシコ
プエルト・エスコンディード

　1970年代、ハワイのパイプラインの人気が高まるにつれ、サーファーたちは世界中でそれと似た波を見つけることに夢中になった。いくつか候補が上がる中、オアハカ州プエルト・エスコンディードのプラヤ・シカテラの波が最も栄誉ある地位を得たことは間違いない。

　その波質は高く、沖合の海底に形成された深い海溝の影響により、太平洋の大型のうねりが浅瀬に到達し、急激に波となって立ち上がり崩れるため、バスを停められるほどの大きさのバレルが生まれる。パイプラインがリーフの上で比較的均一にブレイクするのに比べて、シカテラはサンドボトムのビーチブレイクで、常に砂の地形が変化する、特有の容赦のない危険なブレイクを見せる。ピークは変化しやすく、クローズアウトと呼ばれる横に一気に崩れる巨大な波となるのだ。さらに、蚊や洪水、猛暑など地上でも常に危険

にさらされているため、手に負えない状況を好む熟練サーファー向きの場所だ。

　1970年代初頭、最初にこの波に注目したのはアメリカ人旅行者だが、その後数十年間、ローカルたちが地の利を生かし、この波に対して確固たる存在感を示してきた。第一世代のひとりが、アンヘル・"エル・コネホ"・サリーナス。6人兄弟全員がサーファーで、彼自身は有名プロレスラーになることを夢見ていた。しかし、ある日目の前の海の波を見て、もっと危険なスリルを味わえることを知った。2000年代初頭、サリーナスはレスリングとサーフィンに対する情熱を組み合わせた。メキシコプロレスのマスクをかぶってビッグバレルに乗る姿が見られるようになったのだ。それ以来、このスポットはサーナスのような熱い人々を魅了し続け、2018年にはラテンアメリカ初の女性ビッグウェーブ大会など、数々の記録を生む重要なイベントの開催地となった。

　ビーチが危険すぎて気軽な海水浴ができないため、この町は、国内の他の地域に見られるような、ホテルやゴルフコースを備えた本格リゾートに発展することはなかった。しかし、ビーチのすぐそばには多くの魅力的な宿泊施設があり、どこからもすばらしい海の景色が楽しめる。ベッドにいてさえ、窓をガタガタと揺らす波の音で、大きなうねりの到来を知ることができる。

波に乗るにはタイミングがすべてだ。サーファーたちは良い波をじっと待ち、稲妻のように速くぶ厚いリップに飛び込み、大波特有の強烈なカレント（離岸流）に乗ってピークへと向かう（下）。ローカルサーファーのクェツァル・エストラーダが、そのお手本を実演している（上）。プエルト・エスコンディードの２つのメインビーチだけで、ライフガードが毎年約800人を救助する（右ページ）。

For Your Information

レベル：上級者向け。

ベストシーズン：うねりのある時期は、5月から10月の雨季。

持ち物：ビッグウエーブサーフィンをする場合はボードが破損しやすいので、予備を数本持っていこう。

波がない時にできること：町でエキサイティングなナイトライフを楽しんだり、マニアルテペックラグーンで発光するプランクトンと一緒に泳ぐのもおすすめ。

地元のアドバイス：シカテラが一番の目玉だが、町の南のラ・プンタや北のカリサリージョなど、近くにも穏やかな波がある。

おすすめのサーフスポット：i. ウエスト・ゲレロ（メキシコ）　ii. グアテマラ

気ままな
ロングボーダーの
桃源郷

**メキシコ
ナヤリット州**

メキシコの太平洋岸の一画を占めるナヤリット州には、ポイントブレイク、河口、沖合の島々のピークなど、数多くの穏やかなポイントが目白押しだ。

1960年代から多くのサーファーが訪れ、歴史的にマタンチェンベイとプンタ・ミタの長いライトの波にこだわって発展を続け、メキシコのマリブとして知られている。最近、このエリアの中心はサユリタに移った。カラフルな家が並ぶ石畳の通りは、遊び心のあるビーチリーフの波へと導いてくれる。ここでは地元のスター、ローラ・ミニョーが、優雅に踊るように自分のロングボードに乗る姿がいつでも見られる。ミニョーは世界中を旅するヨットで育った。2002年にこの町に定住すると、家族はすぐに最初のブティックホテルをオープンした。それ以来、のんびりとマイペースな生活リズムの

サユリタはロングボーダーたちの憧れの地となり、乾季はもちろん、特に毎年開催されるロングボーディングの祭典「メヒ・ログ・フェスト」の時期には多くのロングボーダーが集まっている。

このイベントは、メキシコシティ出身のサーファー、イスラエル・プレシアードが発案した。10代の頃には国際大会を目指したが、アメリカのビザが下りずに、ロングボードの世界に足を踏み入れた。2015年、彼はサユリタで最初のフェスト開催に必要な資金を調達するため、自分のサーフボードコレクションをオークションに出品した。目指したのは、故郷のユニークなサーフカルチャーを世界のコミュニティと共有し、次世代のローカルサーファーに刺激を与えること。その根幹にある思いが多くの人々の共感を呼び、このイベントは長年にわたって着実に成長を続け、開催するたびに男女を問わず世界中から優れたロングボーダーが集まり、才能あるローカルサーファーと肩を並べ、賞金をかけて競い合うようになった。フェストはその後数年間、ラ・サラディータに場所を移した後、2022年には再び発祥の地に戻り、プレシアードの創設時のビジョンがみごとに結実したことがよくわかるイベントになった。熱戦が終わると、参加者は町に繰り出してビールを飲みながらあれこれ議論し、ハイな気分で夜通し酔いしれるのだ。

毎年開催される「メヒ・ログ・フェスト」で、ハワイ在住のスライダー、ニック・ミラーと波をシェアするローカルのブレンダ・フローレス（203ページ）。ローラ・ミニョーはサユリタのサーフクイーンで、その卓越したスタイルとテクニックで世界中から賞賛されている（左ページ）。町のメインビーチはロングボーダーに最適で、岩場のポイントでは穏やかなライトの波が、河口ではより速くスリリングなレフトの波が楽しめる（上）。

この町ではいろいろなタイプの波が楽しめる。プンタ・ミタ周辺はこの地域のさまざまな場所の質の高い波探しの拠点にもなっている。ヘイデン・コルテ・ムーアは、このエリアで金色に輝く光に包まれて波乗りを楽しんでいる（下）。サユリタでのブレンダ・フローレス（右ページ）。

For Your Information

レベル：初級者から上級者まで。

ベストシーズン：温暖な気候、温かい海、胸くらいの高さの安定した波は、11月から3月。

持ち物：お気に入りのロングボードか、またはフィッシュやミッドレングスボード、水着。

波がない時にできること：セーリングやシュノーケリング、乗馬など。地元のファーマーズマーケット、プエブロ市場に行ってみるのもおすすめだ。

地元のアドバイス：サユリタでは、ゴルフバギーを1日単位でレンタルできるから、散策してまわろう。

おすすめのサーフスポット：i. バハ州中部　ii. ロスカボス

Style Is Everything:

スタイルがすべて：

The Art of Surfing

サーフィンの極意

スタイルは、波乗りの体験をサーファー個人が表現する手段だ。ボードシェイパーの職人技と、刻々と変化する波というキャンバスにラインを描くサーファーの運動神経と芸術性の融合。それがスタイルを作り上げる。

BY LILY PLUME

リリー・プルーム

サーファーと波の組み合わせは、チーズ
とワインと同じように相性がある。滑ら
かなアプローチが持ち味のオーストラリ
ア人のステファニー・ギルモアと、南アフ
リカのジェフリーズ・ベイのライトの長い
壁との組み合わせは、特に象徴的だ。こ
こで彼女は波のパワーゾーンを利用し
て、パワフルなカービング（ボードを寝
かせて深くえぐるように弧を描くターン）
を披露している。

永遠の憧れ

　モダンサーフィンが誕生して以来、その変化は
著しく、挙げればきりがない。ボードのサイズは、
大きなロングボードからショートボードへ。サブカ
ルチャーも誕生した。より巨大な波を制するため、
限界も超えてきた。自然災害や海岸線の開発で
消えたサーフブレイクもあれば、逆に、景観の変化
に伴って誕生したサーフブレイクもある。しかし、
サーフィンの多彩な歴史を通して変わらないのは、
スタイルに敬意をはらい、スタイルに執着すること
だ。
　サーフィンをよく知らない人に「サーフスタイル」
というと、ネオプレン製のビキニやタイダイ染めの
Tシャツ、アロハシャツを連想するだろう。しかし、
ここで言う「スタイル」とは、ファッション誌『ヴ
オーグ（vogue）』の誌面を飾るようなものではない
（2012年にファッションアイコンとして同誌に登場
したステファニー・ギルモアは別）。サーフィンにお
けるスタイルとは、サーフウェアの選び方ではなく、
波にどうアプローチし、波の上でどう見せるかを意
味する。技術的スキルと創造的センスが同居する
スタイルは、個性的な要素を大切にするサーフィ
ンならではの概念。他のスポーツとは一線を画し
ている。バスケットボールのシュートやゴルフのス
ウィングにもいろいろな方法があるが、サーフィン
のアプローチは無限大なのである。

スタイルの誕生

　体型や体格からボードの好みや特性まで、サー
ファーのスタイルを決める要因は異なる。オース
トラリアのフリーサーファー、トーレン・マーティン
が、急降下するボトムターンを決め、腕を曲げてバ
ランスをとって波のハイライン（最もスピードを得
られるフェイスの上部）を乗りこなすなど、ミッドレ
ングスのボードを駆使して繰り広げる滑らかな流
れには、魅了されずにいられない。手足が長く身
長190センチ近い彼が、背を伸ばし、両腕を大き
く広げると、彼のスタイルに軽快感と伸びやかさ
が増す。また、ブラジルのチャンピオンでオリンピッ
ク金メダリストのイタロ・フェレイラは、その強靭で
柔軟な体格を活かして、最先端の競技用ボードを
駆って、爆発的なトップターン（波のボトムに向か
うために波の上部で行なうターン）や過激なエア

リアルでオーディエンスを魅了する。よりバーティカル（垂直）に動くサーフィンを高いエネルギーを放ちながら披露しているのだ。体力とサーフィン経験の豊富さは2人共同等だが、体格や使用するボード、サーフィンに対するモチベーションの違いから、波に描くマニューバーやライン、そして見え方が変わってくるのだ。

サーフィンの「良い」スタイルとは、手、足、膝、肩の置き場所に現れることが多い。サーフィンの歴史研究家マット・ウォーショウは、その著書『サーフィンの歴史（The History of Surfing）』の中で、「これはサーフィン発祥の場、ポリネシアに根付くフラの影響を受けている」と、述べている。しかし、今日のサーフィンコミュニティにおける理想のスタイルという認識は、もう少し現代に近くなってからのものだ。つまり、サーフィン黄金時代を彩った人物や彼らが形成してきた初期のスタイルに根ざしているのだ。

1950年代後半から1960年代前半のロングボードスタイルは、ブルース・ブラウン監督のサーフムービー『エンドレスサマー（The Endless Summer）』や、カリフォルニアの元祖パワーサーファー、フィル・エドワーズの自由奔放さに象徴される。このクラシックなスタイルから、現在WSLチャンピオンシップ・ツアー（CT）で見られるようなハイパフォーマンスサーフィンにつながる1960年代後半のショートボード革命までの時期は、波乗りのあらゆる分野で実験と模索、改革に試行錯誤していた時代だった。スタイルがすべてだったのだ。

フローの役割

ハワイのサーフィン界のレジェンド、ラリー・バートルマンは、1979年のインタビューで珠玉の言葉を残している。「サーフィンと波乗りは違う。波に乗ることができる人はたくさんいるが、サーファーとなるとそうはいかない」。エアリアルの先駆者でもあるバートルマンは、常に挑戦を続ける姿勢とそのクールなスタイルをアピールした。スケートボードのバネの効いたアプローチを水中パフォーマンスに生かすことで、より技の幅を広げると共に、スタイルに新しい基準を打ち立てたのだ。彼の極端に低い重心から繰り出されるボトムターンは、誰よりも高い位置へとボードをもっていくことを可能にした。この、身体を波の流れに沿ってひねりながらターンを繰り出すテクニックは、それまでのターンの概念を新しい次元へと導いた。

バートルマン（時折、特注のベルボトムウエアで登場）が際立ったパフォーマンスを見せていた同時期、パイプラインでは、同じくハワイのジェリー・ロペスが、チューブの奥深くで完全に波と一体となり、そしてチューブから吐き出される強烈な飛沫と共に悠然と飛び出してくるライディングを試みてい

た。切り立った波のピークから極端な急降下を決めると、すぐさま巻き上げる波の懐に潜り込み、美しく流れるような動きで、まるで太極拳のように視線を定め笑みさえ浮かべながら、凛とした落ち着いた様子でチューブから姿を現す。ロペスは、難しく危険なことをいとも簡単にこなしてしまう、誰もがうらやむ存在となったのだ。

このどんな場面でもリラックスした姿は、チューブライディングの域を超えた彼のスタイルの特徴であり、技と技の間に流れるような動きがある。一連のマニューバーの組み立ては、マニューバーそのものと同様に、サーファー自身のスタイルとスキルの証明なのだ。技と技の間に存在する空白の時間をどうとらえ、そこでどう表現するか。瞬時に判断しマニューバーのクライマックスを演出するのだ。

3度の世界チャンピオンに輝いたトム・カレンは、そんなフロー（ライディングの技の流れ）のアーティストと呼んでいい。彼の独特のスタイルは、ひとつのターンから流れるようにスムースに次のターンへとつなげ、そこにキレのあるアクションをはさみながら、連続した長く美しい1本の線を描くことで生まれる。彼のカットバック（波のパワーゾーンに戻るために方向を180度変えるターン）とトレードマークでもある「ダブルパンプ」ボトムターンは、比較的小柄な体格に似合わぬ力強さを生み出す。深く膝を曲げ、独特なアームアクションでなめらかにサーフボードを蹴り出すその様子は、まさに優雅さを演出しているかのようだ。

優雅さとグライド感

サーフィンの中でも、優雅さとグライド感が同居するエキサイティングな領域、それが女性たちのロングボーディングだ。海への讃歌と新たに登場したサーフィンスタイルをじっくりと描いた傑作映画『スプラウト（Sprout）』（2004）のシークエンス「レディ・スライド（Lady Slide）」の冒頭で、監督のトーマス・キャンベルのナレーションがこう語っている。「シングルフィンのロングボードに乗る女性は珍しい。だが、もし見かけたらそれは喜ぶべきことだ。そこにはサーフィンの最も美しい姿が宿っているから」。キャンベルの言葉通り、女性がロングボードに乗る姿は客観的に見ても美しい。同じスポットにいるだけでその魅力が伝わるし、ボードのノーズ（ボードの先端）につま先をかけ、腰を落とし、膝を立て、重力に逆らわない姿勢で滑走する女神のような姿に、誰もが目を奪われてしまう。

ボードシェイパーやサーファーが、純粋にサーフィンを楽しんだ70年代のソウルサーフィンに思いを馳せたレトロ・ムーブメントの最中にリリースされた、キャンベルの最初の映画『シードリング（The Seedling）』（1999）。『スプラウト』と共に、従来のロングボードの復興に火をつけた作品だ。女性

たちに道を示したのは、カリフォルニア出身のカシア・ミーダーとオーストラリア出身のベリンダ・バグス、グーフィースタンス（右足が前のスタンス）の優雅な2人だ。ボードの先端で足の指10本を揃えて腰を前に出す2人のハングテン（両足10本の指をノーズにかけた究極のノーズライド）は、女性らしい自然な曲線を美しく引き立て、とてもスタイリッシュなものだった。

どちらの作品にも出演したミーダーは、女性のサーフィンのあり方を一新した。「2000年代初頭、若い女性ロングボーダー志望者は皆、壁にカシア・ミーダーのポスターを貼っていた」と、プロサーファーのローレン・ヒルは『シー・サーフ：女性サーファーの台頭（She Surf: The Rise of Female Surfing）』に記している。「カシアは、すべての世代の女性サーファーを勇気づけた。当時も今も、陸でも海でも、彼女はスタイルと優雅さの道しるべなのだ」と。

20年近くが経った今、『スプラウト』でキャンベルが語ったことは過去のものだが、それはありがたいこととも言える。ミーダーとバッグスがメジャーなサーフメディアに登場して以来、女性がロングボードに乗り、しかも上手に乗りこなす姿は、もはや珍しいことではなくなった。オーストラリアのバイロンベイでジョシー・プレンダーガストが見せる優しいタッチとゆったりした優雅さ、ブラジルのロングボーダー、クロエ・カルモンが得意とするノーズライディングと闘争心、メキシコでのローラ・ミニョーの浮遊感あふれるハングテンなど、過去10年間の女性ロングボードの新しい才能の爆発は、それ自体がサブカルチャーになるほどだ。

間の空間

女性たちは皆、波乗りというアートに長い間求められてきた優雅さを体現している。それはサーフィンの発祥地、古代ハワイの伝説や伝承に組み込まれているほどだ。女性の原型的なスタイルは、この初期の豊かなサーフィン文化にタペストリーのように織り込まれ、波の上での優美さは神話化さえされてきた。古代ハワイのチャント（祈りの歌）『首長は女性のように優雅に波に乗っていた（He'e wahine ka lani）』が示すように、女性のように優雅にサーフィンをすることは高貴な行為だったのだ。

ジェリー・ロペスは、ホノルル生まれの初期の競技サーファー、ジョーイ・ハマザキを「ハワイのサーフィンスタイルを象徴するような落ち着きと優雅さのあるサーフィン」と評し、古代から綿々と続く感情を表現している。同世代のサーファーたちは男女問わず皆、ハマザキはソフトなタッチにパワフルで主張のあるターンを組み合わせ、評価しきれないほど流動的なサーフィンスタイルを生み出したと賞賛している。

女性たちのプリミティブなスタイルは、この初期の豊かなサーフィン文化に
タペストリーのように織り込まれ、波の上での優美さは神話化さえされてきた。

フィリピン出身でバイロンベイ在住の
ジョシー・プレンダーガストは、美しくミニ
マルなサーフィンを体現している。波
を制覇することよりも、波と一体となる
優雅さを大切にしているのだ。

　男性と女性のサーフィンが異なるのは、解剖学
的な事実だ。男女の体重分布やプロポーションの
違いは、波へのアプローチや動き方に影響する。
たとえば、一般的に男性は肩幅が広く、上半身を
素早く回転させ、よりパワフルなターンをするのに
有利だ。女性は通常、腰の幅が広いので、腰の回
転を利用したサーフィンに長け、波の力を利用して
パワーとスピードを引き出す。
　解剖学的な違いだけでなく、サーフィンのスタ
イルにも男女の考え方が反映されている。ハイパ
フォーマンスサーフィンの特徴であるスラッシング
ターン（小回りが利いた急激なターン）、速いセク
ションでの爆発的なエアリアルは、一般的に「男
性的」なアクションと思われ、伝統的なロングボー
ドのソフトでスローなアプローチやダンスのような
クロスステップは、「女性的」とみなされる。しかし、
このような固定観念は、サーフィンにさまざまなス
タイルが存在する今、デリカシーに欠けている。
サーフィンとは本来流動的なものなのに、どうして
このような固定観念に囚われてしまうのだろうか。
最もスタイリッシュなサーファーは、間違いなく両
者の資質を巧みに融合させている。8度の世界
チャンピオンに輝いたステファニー・ギルモアはそ
の技を完成させ、芸術レベルにまで昇華させた。
「美しさ、優雅さ、パワーとテクニックを融合させ
たことに関しては、男女を問わず彼女の右に出る
ものはいないと思う」と語るのは、独創的で直感
的アプローチが持ち味のフリーサーファーの第一
人者でスタイルアイコンのリア・ドーソンだ。「ギル
モアは独自の世界を持っている。彼女はいつもグ
ライドし、いつも自由に、まるで空を飛んでいるか
のように、どんな波のフェイスにも彼女独特のリッ
ピングやカービングで応えている。その姿はいつ
も私を刺激してくれるのよ」。

名声を求めて

　ハイラインでのスムーズで魂のこもったグライ
ド、ディープボトム（波の最底部のフラットな部分）
でのスピード、パワーなど、サーファーたちが、波の
上で繰り広げるつかの間のダンスに、誰もがそこ
に自分なりの表現を追い求めているはずだ。追求
する姿勢自体が、スタイリッシュなサーフィンを生
み出すのだ。ギルモアのスタイルが印象的なのは
その特徴だけではなく、感覚にあるのかもしれな
い。それは内面から湧き出るような喜びで、時代
を問わず無駄のない唯一無二のスタイルになって
あらわれ、波に乗るシンプルな楽しみや言葉にで
きない幸せを思い出させてくれるのだ。

知られざる
コスタリカ

コスタリカ
ノサラ

現代のサーフィン界では、コスタリカには美しい環境と気軽に楽しめる波があると話題だ。

北部のグアナカステ州は、タマリンドを中心に根強い人気を誇っている。このエリアがナイトクラブや高層ホテルが立ち並ぶリゾート地として発展したのに対し、2時間南にあるノサラという小さなエリアの表情はまったく違う。開発に対する政策が異なったのだ。

1970年代から開発を制限し、牧場用に開拓された土地には再植林を施し、自然の生態系を保護する努力を続けてきた。そのため、サーファーや外国人の流入は絶えないものの、この地の素朴な魅力は何十年も前から失われていない。1979年に初めて敷設されたメインビーチへの道は未舗装のままで、地元の法律で海岸線付近での工事は禁止されている。ウミガメの巣作りを邪魔しないためだ。町にファストフードのチェーン店はないが、オーガニック系の飲食店やヨガスタジオはたくさんある。毎朝オフショアの風に恵まれ、1日を通して波の表面はグラッシーでコスタリカ全土の中でも最も安定していて、一般的なサーファーにとっては完璧に近いポイントだ。

プラヤ・デル・オスティオナルの黒い砂浜、岩場に打ち寄せる楽しいライト。初級者向きのプラヤ・ノサラもおすすめの場所だ。広いフェイスの長い壁ががができ、干潮時にはチューブのチャンスもあるプラヤ・グイオネスもすばらしいポイントだ。

サーフィンとヨガの小リゾートと町が宣伝したことで観光客が急増し、特にコロナ禍がもたらしたワーケーション人気で、新しい住民も呼び込んでいる。ノサラの住民たちは何十年も外国人と共存してきたが、近年の価格高騰で地元の人が離れていったり、人通りが増えて繊細な生態系に影響が出たりすることが懸念されている。しかし、ここに住むサーファーたちの支持を得ているコミュニティの保護活動を通じて、この隔絶されたサーファーの楽園のあるべき姿を何世代にもわたって引き継ぐことに、新しい住民の協力を期待している。

プラヤ・グイオネスでは、地元の規制により海岸線は完全に未開発で、1970年代に初めて旅行者を魅了した美しさが保たれている（216–217ページ）。波も魅力的で、ジェシー・カーンズのライディングでわかるように、十分長く続くフェイスは、カービングにもってこいだ（上・下）。

プラヤ・ギオネスで小さいチューブをくぐるアッシャー・キング（上）。ノサラ周辺の木々には野生動物がたくさん生息している。ビーチまで歩けば、数種類のサル（ホエザルもいるが、姿を見る前に声が聞こえるはず）、シロバナハナグマ、オオハシ、グリーンイグアナなどに出会えるかもしれない（右ページ）。

For Your Information

レベル：初級者から上級者まで。

ベストシーズン：一年中波はあるが、乾燥した天候、オフショア、腰から頭高さの安定したうねりを求めるなら、12月から4月が良い。

持ち物：波が小さい日のために、お気に入りのショートボード、フィッシュ、ロングボード、ミッドレングス。

波がない時にできること：ガイド付きのリバーツアーで、この地域の豊かな生物多様性を探検しよう。

地元のアドバイス：恩返しをしたい？　地元のウミガメ保護活動を手伝ったり、プラヤ・グイオネスで定期的に行われるビーチ清掃にボランティアで参加してみてはどうだろう。

おすすめのサーフスポット：i. サンタテレサ地区　　ii. 南ニカラグア

魅力あふれる
カリブの群島

パナマ
ボカス・デル・トロ

　ボカス・デル・トロは、パナマ北東部の沖合に浮かぶ小さな群島で、リーフ、マングローブ、熱帯雨林に彩られた数十の美しい島々からなる。

　カリブ海に面していて、冬の間は激しい風が吹いて大きなうねりが発生するため、数カ月間いつも波が立っている。歴史的に、旅するサーファーの注目を集めたのはパナマの太平洋岸で、ボカスの可能性は見向きもされず、自然の恵みは地元の人たちだけのものだった。しかし、世界のサーファーから注目を集めると瞬く間に人気となり、現在ではバックパッカーから国際的なプロサーファーまで、多くの人が訪れるようになった。

　この島には、中級者に適したビーチブレイクやポイントブレイク、遊び心満載のリーフブレイクがいくつかあるが、ほとんどの人がボカスに向かう理由は、巨大なチューブが期待できるからだ。ここにうねりが入り出せば、選べるほどさまざまなタイプのチューブがそこかしこでブレイクする。ボカス・デル・トロ群島のメイン島であるコロン島のブラフビーチでは、海岸に直接砂が流れ込み、ここの波はレイトテイクオフ（テイクオフのタイミングが遅れた状態）必至の切り立ったピーク、超特急ばりの速いセクションは時々一瞬で波が崩れるクローズアウトの状態にもなるので、サーファーには高度な技術が要求される。海岸を南に下った場所、ダンパースも同様に難易度が高く、浅いリーフで終わる四角いレフトの波が特徴だ。さらに南下すると、パンチのある短いライトと、乗りやすい長いレフトで人気のピーク、パウンチュがある。

　水上タクシーでカレネロ島に渡ってレフトのポイントをチェックしたり、バスティメント島まで足を伸ばして、ボカスの「目玉」を楽しむのも良いだろう。分厚いリップの、暴れ者の巨人級の波、シルバーバックスは、珊瑚に覆われた隔絶された場所でブレイクしている。北半球で最も迫力のある波に数えられるこのスラブは、ピークは変化しやすく流れも強いので、世界最高のチューブライダーさえも困らせる波だ。世界チャンピオンに3度輝いたトム・カレンがここでボディサーフィンに挑戦し、瞬時に海岸縁のジャングルの入り口に打ち上げられたという伝説も残されている。

　ありがたいことにボカスの町のナイトライフは活気があり、味自慢のレストランもたくさんある。シルバーバックスのスラブで究極の「デート」ができなくても、サーファーがこの地域の楽しさを気軽に味わう方法ならいくらでもあるというわけだ。

223

ハワイのビッグウェーバー、ビリー・ケンパーは、冷静な姿勢でシルバーバックスの懐の中に入っていく（下）。ボカス島のカラフルな住居の多くは水上に建っているため、地元の人々も観光客も主な移動手段は船である。ほとんどの旅行者はボカスから旅を始めるが、あちらこちらに水上タクシーが控えているので、他の島々をめぐる手段にぴったりだ（右ページ）。

ボカスのビーチブレイクは、ハイパフォーマンスサーファーにとってまさに遊び場であり、しっかりとしたうねりは大きなチューブを、小さなうねりは楽しめるサイズの切り立った波を生む。ビリー・ケンパーはチューブを（右ページ）、ネイサン・フローレンスは小さい波（上）を体験中。地元の子どもたちは、空中アクロバットに夢中だ（下）。

For Your Information

レベル：中級者から上級者まで。

ベストシーズン：メインシーズンは12月から3月で、6月から8月はミニシーズン。

持ち物：ナマケモノを観察する双眼鏡。

波がない時にできること：シュノーケリングやジャングル・ハイキングを楽しむために、美しい周辺の小島に出かけてみよう。

地元のアドバイス：珊瑚礁と低地の熱帯雨林が共存するボカス・デル・トロは、生物多様性に富んだ場所のひとつで、「カリブ海のガラパゴス」と呼ばれる由縁でもある。

おすすめのサーフスポット：i. パナマシティ周辺　ii. リモン（コスタリカ）

自由を求めて戦う
キューバの
サーファーたち

キューバ

　カリブ海とメキシコ湾、北大西洋が交わる場所に位置するキューバは、サーフィンの可能性を秘めた島である。しかし、歴史上、まだ駆け出しのローカルサーファーたちは厳しい規制を受けてきた時期が長い。冷戦時代、暮らしが苦しくなるに従って、多くの国民が小さい船で国外脱出を企てたため、政府は国民が海に入ることを禁止していたのだ。つい最近まで、サーファーがパドリングで沖に出るのが見つかると、ボードを没収されるという悪夢のような状況が続いていた。しかも貿易封鎖下にあり、新しいボードを輸入することはほぼ不可能だった。80年代後半になると、器用なローカルサーファーが観光客が残したボードをリサイクルしたり、ありあわせのもので自分のボードを作ったりする動きが出てきた。たいてい、それは冷凍庫用の発砲スチロールをチーズおろし器で削り、ボート用のレジン（樹脂）を塗り重ねて仕上げられたものだった。この経緯に最初に注目したのは、カリフォルニアの映画制作会社メイクワイルドの撮影クルーだった。2016年にこの国を訪れてコミュニティの人々に会い、政府に対しサーフィンの合法化を勝ち取るキャンペーンをドキュメンタリーとして撮影した。

撮影の旅は首都ハバナからスタートした。そこにはキューバの100人ほどのサーファーのほとんどが住んでいて、撮影クルーは情熱あふれる2人のガイドを見つけた。キューバで唯一のボードショップを営むフランク・ゴンサレス・ゲラと、地元の水族館でアシカのトレーナーを務め、キューバ初の女性サーファーのひとりヤヤ・ゲレロだ。

市内周辺のブレイクは不安定で荒れやすく、リーフが鋭いため、水際に行くにはビール缶で作った即席ブーツが必要なほどだった。しかし、この国の残りの海岸線5,750キロを探しに行く手段を持つサーファーなど、この国にはほとんどいない。

ゲラとゲレロは、メイクワイルドの撮影クルーと共に旅に出ることにしたのだが、サーフィンの経験を積むには障害が付きものであることを実感させられた。北部では、高級観光リゾート地によって海岸へのアクセスが制限されていることが判明した。南東部では、あのグアンタナモ湾収容キャンプの近くで警備員に追い立てられ、撮影を禁止された。ここを出る前に立ち寄った崖の上から、ライトの波が飛び出すようなポイントブレイクを見つけたが、パドリングすることは思いとどまった。「あの瞬間は、この国のサーフィンを象徴する典型的な例だったね」と、メイクワイルドのディレクター、コーリー・マクリーンは言う。「政治的な緊張状態、政府の規制、そしてそこに禁断の果実があるんだ」。

移動すると、もっとアクセスの良い場所に、彼らは手つかずの波を発見した。それがガラスのようなAフレームであろうが、オンショア（海から陸に吹く風。波の後方から押しつぶし海面を荒れた状態にする）が作り出す茶色い水滴であろうが、ゲラとゲレロはおかまいなしだ。2人はあっという間に海に飛び込んだ。「このような厳しい統制下に暮らしていると選択肢があまりないので、サーフィンは大きな癒しになる」と、マクリーンは言う。「サーフィンが盛んなエリアでは、人が多すぎるとか、イカれたやつが多いとか、不満を言う人が多いが、気軽に自由にサーフィンをする環境にいることがどれだけ幸運なことか忘れているよね」。

国内をくまなく旅したゲラとゲレロ、そしてメイクワイルドの撮影クルーは、美しい南海岸こそサーフィンの聖地としてキューバのポテンシャルが潜む場所と、結論を出した（228ページ）。ハバナ近郊の波はかなり乱れるが、良い日もあれば悪い日もある。ゲラは地元のポイントで、理想的な波の状態を満喫している（右ページ）。

ハバナの水族館で働くヤヤ・ゲレロ（上）は、キューバ人がほとんどインターネットを使えなかった頃から、定期的に接続ができる環境にいた。そのおかげで、観光客から寄付されたサーフボードの配布やコーディネートに携わり、やがてサーフィン普及活動の中心的な役割を担うようになった。

For Your Information

レベル：初級者から上級者まで。

ベストシーズン：暖かい海、暑い気候、安定したうねりを求めるなら、11月から3月。

持ち物：基本的な医療品も手に入りにくいので、救急箱は必須だ。

波がない時にできること：洞窟の中にあるディスコ・アヤラで踊ったり、ハバナの革命記念館で歴史を学ぼう。

地元のアドバイス：ハバナの町をローカルのように動き回るには、複雑なサインでコントロールされる地元のタクシーシステムを学ぶと便利。

おすすめのサーフスポット：i. ジャマイカ東部　ii. ドミニカ北海岸

ペルーの「終わりなきレフト」を探して

**ペルー
チカマ**

　世界で一番長い波が現れる場所として広く知られるペルー北部のチカマは、条件さえそろえば最長5分も続くライディングが楽しめる。

　ペルーの漁師たちは、何千年も前からカバリートと呼ばれる葦の束で作った小舟に乗って波の上を滑っていたため、古代サーフィンの基礎を作ったのは、ハワイアンではなく彼らだという説もある。いずれにせよ、チカマの長く続く波の可能性に最初に気づいたのが、ハワイアンだったことは間違いのない事実だ。

　1966年、サーフイベントを終えてペルーを出たチャック・シップマンは、飛行機の窓から完璧と思える波を発見した。空港に着陸するとすぐ、滞在中に仲良くなったカルロス・バレーダというローカルサーファーに手紙を書き、機内で見たことを伝えた。スケッチと大まかな場所を記し、「どうかその波を見つけてくれ」と訴えたのだ。手紙を受け取ったバレーダは、すぐに5人の仲間をシトロエン2CVとフォルクスワーゲン・ビートルに乗せ、旅に出た。時には険しい砂浜の斜面で車を押し、地元の人たちにシップマンの記述と同じような波があるか聞きながら、必死で海岸沿いを走りまわった。そして彼らの調査はパイハンで実を結び、町のすぐ外に期待できそうな場所があるという情報を得た。

　さらに30分ほど走ったところで、ついにそのポイントを突きとめた。それは何本ものうねりがきれいに並んで押し寄せ、まるでコーデュロイの生地のように水平線まで敷き詰められている、そんな光景だった。見渡す限り続く波は、緩やかに丘から吹いてくるオフショアの風にあおられ、巻き上がっていく。車内には有頂天の叫び声が爆発した。「ひとしきり喜びを分かち合ってから、私たちはボードにワックスを塗り、その夢のような波に向かって飛び出したのさ」とバレーダは回想する。

　その後10年ほどの間は、ここを訪れるサーファーたちはキャンプをしたり、地元の漁師の家に泊めてもらったりしていたが、今では宿泊のみの簡易宿からしゃれたホテルまで、さまざまなタイプの宿泊施設ができている。多少人が増えても、ここの波は十分に長い距離が乗れて、波の取り合いになることはほとんどない。波を狙う人たちのほとんどが、ポイントのピークに戻る長い距離を歩いているか、肩や足の日焼けに耐えきれなくなって、ピークまで運んでくれるモーターボートの中にいることが多いからだ。

チカマの波はとても長い波だ。そこにはいくつかのセクションがあり、それぞれ名前が付けられている。エル・ケープ、キーズ、エル・ポイント、そしてエル・オンブレ。それぞれのセクションには、速い波、弯曲する波、時折チューブができたり、急に壁の形が変化する波などがあり、バラエティに富んでいる。最後に待ち構えるセクション、エル・オンブレは、砂をかぶった岩によるリーフブレイクが町の桟橋まで続いており、4キロにもなる波のエンドセクションだ。ここでチューブができる可能性が最も高い（上）。

For Your Information

レベル：初級者から上級者まで。

ベストシーズン：4月から10月。乾季に最も波が安定する。

持ち物：十分なパドルパワーとフロート力が得られるボードを用意すれば、ソフトな波にたっぷりと乗れる。ライディングを最大限に楽しもう。

波がない時にできること：数日かけてアンデス山脈の麓までドライブし、前インカ遺跡マルカワマチュコを訪れてみては。

地元のアドバイス：チカマでは4つの異なるセクションがつながるのは、オーバーヘッドのコンディションの日だけ。しかし、どのセクションもそれぞれにすばらしい。

おすすめのサーフスポット：i.南ピウラ　ii.アンカシュ

南半球の
レフトの聖地

チリ
ピチレム

サンティアゴから200キロあまり走った場所に、チリのサーフィンの都として知られるピチレムがある。ここは、波が荒れやすい海岸線のほぼ真ん中。何の障害物もない太平洋の大海原を渡ってきたうねりが海岸線に押し寄せ、バラエティに富んだ波を楽しませてくれる。にもかかわらず、チリがサーフィンのスポットとして地味な存在であるのは、嫌になるほど長い海岸線が理由かもしれない。チリの海岸線は文字通り何千キロも続いていて、特に南部のさびれた場所では、誰も乗る人のいない多くの完璧な波が、毎日虚しくブレイクしているに違いない。

プンタ・デ・ロボス（「狼のポイント」の意）は、南半球で一番良い波が来る場所として有名で、現在は「世界サーフィン保護区域」になっている。チリではごく一般的だが、ここはレフトのポイントブレイクで、波は20フィート以上になることも。波が小さい時にはチューブができ、岩場から黒砂の海岸まで続くロングウォールを楽しめる。

ラモン・ナバロは、この地域で一番名の知られたサーファーだ。ビッグウェーブでのスキルだけでなく、プンタ・デ・ロボスの未来を守る活動家としても名が通っている。彼は地元の漁師の息子で、2013年のある日、プンタ・デ・ロボスのポイントにある1.4ヘクタールの土地が売りに出されていることを知り、開発業者がこの地に関心を持っていると気づいた。幼い頃から親しんできた波と伝統的な漁業文化が共に失われることを懸念したナバロは、この地域を守るためのキャンペーンを展開した。そして土地を購入するための十分な資金が集まると、地元コミュニティのために、サーフィンと漁業文化を守る保護区域をつくるために努力した。

2020年には、チリ中央部の海岸のさらに4,000ヘクタール以上が、現在「ピエドラ・デル・ビエント沿岸海洋保護区」と呼ばれる区域に認定された。この保護区では、地元の多様な生態系を保護するだけでなく、伝統的な文化や地域社会も守ろうとしている。また、サーフィンを貴重な資源としてとらえて質の高い波を保護し、チリのレフトを開発せず、自然環境を維持する政策を施行している。

手つかずの壮大な自然が残るプンタ・デ・ロボス(238ページ)と、保護活動に奮闘したラモン・ナバロ(239ページ)。レオン・ビクニャは、この地域の特徴的な冷たく青いレフトのチューブに乗っている(上)。岸壁とたたみかけるリップにはさまれて陽に照らされるローカルサーファー、クリスティアン・メレロ(右ページ)。

For Your Information

レベル：初級者から上級者まで。

ベストシーズン：チリは波が安定しているので、いつでも楽しめる。多くのスポットと同様、4月から9月の冬場は平均して波が大きい。

持ち物：レギュラースタンス（左足が前のスタンス）ならバックサイド（波を背面にする）のソリッドなライディングで、グーフィースタンスなら一生一度のフロントサイド（波と正対する）のライディングで、どちらも最高のパフォーマンスでここの波に応える心構えが必要。

波がない時にできること：チリの海岸では、何世代にもわたってほとんど変わらない漁村が人気だ。その文化を学んだり、釣りやダイビングで軟体動物を探してみてはどうだろう。

地元のアドバイス：ビッグウェーブのシーズンには、平均水温摂氏13度と、水が冷たくなることがある。

おすすめのサーフスポット：i. コキンボ地区　ii. ビオビオ地区

ガラパゴス諸島
GALAPAGOS ISLANDS

COLOMBIA
コロンビア

ECUADOR
エクアドル

BRAZIL
ブラジル

PERU
ペルー

BOLIVIA
ボリビア

EASTER ISLAND
イースター島（チリ）

PARAGUAY
パラグアイ

チリ
CHILE

i.

7

ii.

URUGUAY
ウルグアイ

SOUTH PACIFIC OCEAN
南太平洋

ARGENTINA
アルゼンチン

FALKLAND ISLANDS
フォークランド諸島

悠久のサーフィンの歩みをたどる

チリ
イースター島

ラパ・ヌイとも呼ばれるイースター島は、世界で最も隔絶された有人の孤島で、人が住む最も近い大陸から2,100キロ近く離れた南太平洋の果てにある。

500年以上前に、ポリネシア人の先住民が火山岩から彫り出したと言われるモアイ像で有名な場所だ。ここには、もともとボディサーフィンのような波乗り文化が根付いており、その後、水面のカメが波に運ばれるのをイメージして、葦の束や木の板を使って波乗りに興じたと言われている。この乗り方は「ハカホヌ（亀になる）」と呼ばれ、古代の詩やチャントにもよく登場する。

1960年代半ばまで、この島の人々の波乗り道具は葦や木材だけだったが、思いがけず初期の現代サーフィン用具との出会いがやってきた。ある晩、キア・パカラティという名の漁師が後片付けをしていると、行き交う船から落ちたと思われるサーフボードが岩場に浮いているのを発見した。海に飛び込んで拾ってくると、パカラティはその後何年もそのサーフボードをコミュニティのみんなと共有し、板に水が浸透しきって浮かなくなるまで使い続けた。

それから数十年、旅好きなサーファーたちがこの島を訪れ始め、波情報を集めると、サーフィンを愛するローカルたちとサーフボードを共有するようになった。2000年代初頭には、チリのサーファー、ラモン・ナバロも本土から5時間半かけて何度もこの島を訪れている。彼の最大の思い出は2013年のことで、何年も前から狙っていた強烈なパワーを秘めたレフトの波を、危険をかえりみずついに制覇した。ナバロはこの波について、「クラウドブレイク（世界有数のクォリティを誇るフィジー島の波）に匹敵する」と評している。

現在この島では、ローカルや観光客のサーファーが10カ所以上のリーフブレイクを行き来し、島は活気に満ちている。初心者は、ローカルの伝説的存在であるマイ・テアオのレッスンが予約できる。彼は、ペアビーチのクリスタルブルーの波で波の乗り方を教えてくれる。何世紀も前、この島の最初のサーファーたちがカメを真似た、その場所で。

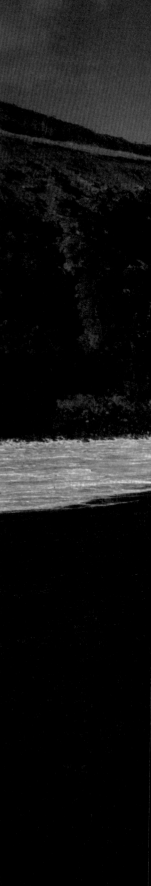

ラモン・ナバロとガブリエル・ビジャランが、人目につかないポイントブレイクを観察する。ナバロによると、フィジーのクラウドブレイクに匹敵する波が発生する日もあるそうだ（下）。海岸線のほとんどは岩だらけの湾や岬で占められているが、砂浜も数カ所ある。最大の砂浜は島の北東にあるアナケナビーチ（右ページ）で、南西にあるペアビーチの波は初級者でも楽しめる。

247

考古学者たちの発見によると、850体以上の精巧に彫刻されたモアイ像が島じゅうに点在している。造られたのは少なくとも500年前と考えられているが、それよりずっと古いという説もある（上）。火山性のサーフスポットに共通することだが、鋭利な溶岩が組み合わさった地形は、迫力のある波を生み出すが、どこから海に入って、どこから陸に上がるのかが判然としない（下）。

For Your Information

レベル：初級者から上級者まで。

ベストシーズン：うねりは一年中あり、風も変わりやすい。晴天の下、安定したオーバーヘッドサイズの波を求めるなら、1月か2月がおすすめ。

持ち物：太めのリーシュ、お気に入りのビッグウェーブ用ボード、凹みの修理キット。

波がない時にできること：ガイドツアーに参加して、この島の魅惑的な古代史を学ぼう。

エピソード：1990年、ラパ・ヌイで初めてのサーフコンテストが開催され、ピチ・バカラティ（その20年以上前にサーフボードを発見したキアの甥）が史上初の国内チャンピオンに輝いた。

おすすめのサーフスポット：i.エクアドル北部　ii.エクアドル南部

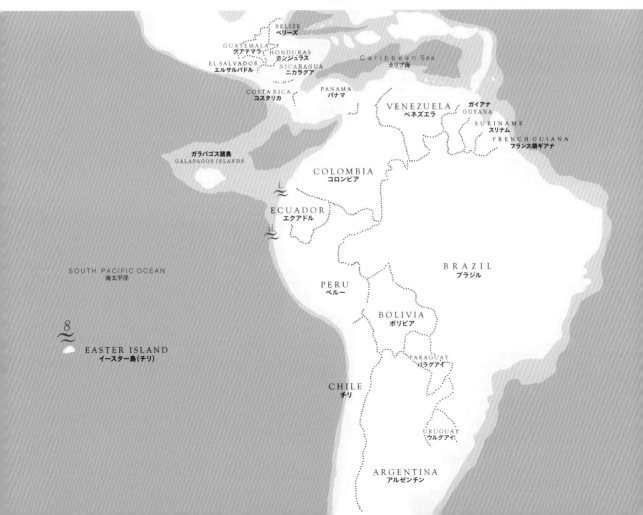

BELIZE
ベリーズ

GUATEMALA
グアテマラ

HONDURAS
ホンジュラス

EL SALVADOR
エルサルバドル

NICARAGUA
ニカラグア

Caribbean Sea
カリブ海

COSTA RICA
コスタリカ

PANAMA
パナマ

VENEZUELA
ベネズエラ

GUYANA
ガイアナ

SURINAME
スリナム

FRENCH GUIANA
フランス領ギアナ

ガラパゴス諸島
GALAPAGOS ISLANDS

COLOMBIA
コロンビア

i.

ECUADOR
エクアドル

ii.

BRAZIL
ブラジル

SOUTH PACIFIC OCEAN
南太平洋

PERU
ペルー

BOLIVIA
ボリビア

EASTER ISLAND
イースター島（チリ）

PARAGUAY
パラグアイ

CHILE
チリ

URUGUAY
ウルグアイ

ARGENTINA
アルゼンチン

ヨーロッパ

NORTH ATLANTIC OCEA
北太平洋

ICELAND
アイスランド

Norwegian Sea
ノルウェー海

SWEDEN
スウェーデン

FINLAND
フィンランド

FAROE ISLANDS
(DENMARK)
フェロー諸島（デンマーク）

NORWAY
ノルウェー

ESTONIA
エストニア

Baltic Sea
バルト海

LATVIA
ラトビア

UNITED KINGDOM
イギリス

DENMARK
デンマーク

LITHUANIA
リトアニア

North Sea
北海

BELARUS
ベラルーシ

IRELAND
アイルランド

NETHERLANDS
オランダ

POLAND
ポーランド

BELGIUM
ベルギー

GERMANY
ドイツ

UKRAINE
ウクライナ

CZECHIA
チェコ

SLOVAKIA
スロバキア

FRANCE
フランス

AUSTRIA
オーストリア

HUNGARY
ハンガリー

MOLDOVA
モルドバ

SWITZERLAND
スイス

SLOVENIA
スロベニア

ROMANIA
ルーマニア

CROATIA
クロアチア

SERBIA
セルビア

BOSNIA
ボスニア

Black Sea
黒海

ITALY
イタリア

BULGARIA
ブルガリア

MONTENEGRO
モンテネグロ

MACEDONIA
マケドニア

SPAIN
スペイン

ALBANIA
アルバニア

Mediterranean Sea
地中海

GREECE
ギリシャ

TURKEY
トルコ

PORTUGAL
ポルトガル

CYPRUS
キプロス

ヨーロッパの
眠れる巨人

ポルトガル
ナザレ

　サーフィンの歴史上、専門家の間で、地球上で最も大きな波が立つのはアメリカかハワイというのが定説だった。オーストラリアだという説も一理あるし、南アフリカと言われても納得できる。しかし、それがポルトガルの大西洋岸にある小さな漁師町だったとは、誰も予想していなかっただろう。

　サーファーたちが、ナザレのことを知らなかったわけではない。実際、1980年代からローカルやビジターサーファーがプライア・ド・ノルテで波に乗っていた。だが、この町では夫を海で失った後、喪に服すために黒ずくめの女性たちが多く、波がビルの高さに達すると、サーファーたちは別の場所に探しに行こうと考えるようになっていた。そのような理由で、ナザレは頑としてビッグウェーブマップに名前が載らなかったのだが、2000年代初頭のある日、ローカルのボディボーダーの先見性が、ついにこの町をサーフィン界のスターダムへと押し上げた。

　ディノ・カシミロは、ハワイのトウインサーフィンの映像を見て、ジェットスキーの補助があれば、この地元の波も制覇できるのではないかと考えた。そこで、プライア・ド・ノルテに巨大な波が押し寄せた日にその光景を写真に撮って、ハワイのビッグウェーブの大家、ギャレット・マクナマラにメールで送り、招待したのである。数年にわたるやりとりを経て、2010年、ようやくマクナマラがやってきた。

　その波を見たマクナマラが驚嘆したのは、言うまでもない。そして翌年11月、78フィートのモンスターウェーブのフェイスを跳ねる彼の映像が、世界のメディアを埋め尽くした。これはそれまで制覇された大波の世界新記録となった。ナザレはこの時から、

世界有数のビッグウェーブ・スポットとして注目されるようになったのだ。

　周辺の海岸より常に5倍の高さにもなる桁外れの波は、沖合から形成された海底の特殊な地形に起因する。グランドキャニオンの3倍もの深さの海底溝があり、うねりが妨げられるこ

となくダイレクトに岸まで届く構造だ。突然の水深変化でうねりは上方に押し上げられ、湾内を屈折するうねりのラインと合流し、このブレイクの特徴とされる予測不可能な巨大な三角形をした波ができあがる。

　現在では、うねりがあるたびに、世界中から

集まった数十のトウインチームでにぎわい、ギャラリーはビッグウェーブサーフィン最強のショーを見ようと崖の上に並ぶ。ここで波がブレイクするのを見るだけでも、身が引き締まる思いがする。実際に波に乗ったらどんな感じなのか、それは想像もできない。

巨大なうねりが押し寄せると、ナザレの町とブライア・ド・ノルテの間のうねりに囲まれた岬に、数千人のギャラリーが並ぶ（252–253ページ）。通常のサーフスポットとは異なり、ビッグウェーブを複数のサーファーがシェアすることが多い。ここでは、ルーカス・チュンボとジュリアン・ライヒマンがひとつの波をシェアしている（下右）。波に傾斜がつきはじめ、後方の波が飛沫を散らす中、ジャスティン・デュポンはロープをつかんで波に乗る（右ページ）。

沖合の海底の形状が独特なため、遠くからやってきたうねりは岸の浅瀬にぶつかりねじれるように、巨大な三角形のピークを形成しながら崩れ出す（上）。崩れた波の巨大な白波に対峙すると、サーファーたちはできるだけ深く潜るために、ボードの上に立ってまるで飛び込み台のようにそれを利用する。ルーカス・チュンボが飛び込む瞬間（右ページ）。

For Your Information

レベル：上級者。

ベストシーズン：特大サイズのうねりを狙うなら、11月から3月に行こう。

持ち物：プロのビッグウェーブライダーは、ジェットスキー、ビッグウェーブ専用ボード、インフレーションベスト（巻かれた時に空気で海面に浮上するギア）など、さまざまな道具を用意する。

波がない時にできること：絶壁の岬のシンボル、灯台を訪れるのがおすすめ。現在はサーフィン博物館になっている。

エピソード：ナザレは世界で最も安定したビッグウェーブスポットのひとつで、毎年冬にはダブルオーバーヘッド以上のクリーンな波が何度となくブレイクする。

おすすめのサーフスポット：i. ポルトエリア　　ii. アルガルヴェ地方

オールシーズン
楽しめるスポット

ポルトガル
エリセイラ

ポルトガル西部の海岸線はうねりが豊かで、大西洋の魅力を存分に味わいながらも、ヨーロッパの主要都市へも簡単にアクセスできる。これ以上、何を望む？　何百キロも続くポルトガルの海岸線には、誰もが楽しめる波がある。しかし、どこか波の良い場所一カ所に集中したいなら、エリセイラに行くと良い。

2011年、ヨーロッパ初の世界サーフィン保護区に認定されたエリセイラでは、波を探すことより、どこでどの波でサーフィンするかを決めるほうが難しい。サン・ロウレンソは安定したライトのリーフブレイクで、このエリアのどのスポットよりもうねりに敏感だ。うねりが大きくなるとビッグウェーブスポットへと変貌するが、小さい日にはインサイドに穏やかなセクションもあり、上級者以外でもロングボーダーでも楽しめる。

コクソスは、ポルトガル（あるいはヨーロッパ）の

ベストスポットと評されることも多い。迫力あるライトのリーフブレイクで、まだ腕に自信がない人や混雑時は避けたほうがいいが、上級者にはたまらない波だ。さらにレベルアップしたのが、クレイジーレフトとケイブというポイント。どちらも熟練サーファー向けの本格的なチューブで、際どいテイクオフに有利なボディボーダーが先鞭をつけたおかげで、スタンディングサーファーには無理な波だと思われていた。しかし現在では、ヨーロッパ最高のチューブを経験できるエリアと認知され、WSLのチャンピオンシップツアーが毎年ここのペニシェというビーチで開催されると、世界のトップサーファーが頻繁に通うようになった。ワールドチャンピオンに2度輝いたハワイのジョン・ジョン・フローレンスが、ここのリーフにぶつかって裂傷と打撲を負い、入院したことがあると聞けば、ケイブがどれほど油断ならないものか、想像がつくだろう。

リベイラ・ディーリャスは、広い湾といくつものリーフに恵まれ、波を見つけやすい人気スポットのひとつだ。周囲の崖から波のチェックもしやすく、天気の良い日は右側の壁からライト方向に並ぶリーフの地形に沿って波がつながっていくので、長いライディングが楽しめる。

上級者向けの波が苦手なら、スキルを磨くのに適した起伏に富んだビーチブレイクもたくさんあり、面倒見の良いサーフィンキャンプもある。

コクソスはこの地域最良の波とされ、壮大な迫力のチューブや長くパワフルな水の壁を堪能できる（258ページ）。ケイブの近くには、サーファーを病院送りにしたことで有名な手ごわいスラブがある。ジョアン・ゲデスは、海面に露出するリーフの下から湧き上がる気泡を目印にラインを見極める（259ページ）。ペドロ・ブーンマンが、一見イージーに抜けられそうなボウルに照準を定める（右ページ）。

For Your Information

レベル：初級者から上級者まで。

ベストシーズン：ヨーロッパの多くのスポットと同様、9月から11月が、温暖な気候のなかで良質な波が楽しめるベストシーズン。

持ち物：最高の波をシェアする寛大さ、あるいは静かに波を射止める意欲。

波がない時にできること：岩から飛び込んで泳いだり、人里離れた入り江で泳いだり。バーベキューされたイワシを食べてみよう。今まで食べていたものは何だったのかと思うほど感動する。

地元のアドバイス：レンタカーを借りよう。ちょっと走れば、あらゆる風向きに対応できるから、地理的に守られたさらに質の高いスポットを見つけることができる。

おすすめのサーフスポット：i. ペニシェ　ii. リスボン地区

沼地から
シルバーコーストへ

フランス
ホセゴー

　フランス南西部のランド地方には、全長97キロにおよぶ砂浜の海岸線が、バイヨンヌの町から北のビスカロッス・プラージュまで続いている。良いブレイクはさまざまな場所で見られるが、小さな町ホセゴーの波がこのエリアを最も象徴している。ここはもともと砂丘と沼地が広がる地だったが、19世紀にナポレオン3世がマツを植えて土地を固め、町としての歴史を歩み始めた。1960年代後半になると、青い海、白い砂、緑の森が鮮やかに調和したこの町は、バカンスを過ごすパリジャンや、大陸を越えてやってくるサーファーに親しまれるようになった。

　ホセゴーには途切れることなく続く5カ所のビーチがあり、どんなレベルのサーファーでも楽しめる場所だ。南側からスタートするとまず、プラージュ・スッドとサントラル。近くのカップブルトンの港が強いうねりをさえぎるため、初級者や上達したい人たちにとって優しい波質になる。ル・ノールは地元のビッグウェーブスポットで、沖のほうでは3倍以上のオーバーヘッドサイズの波が立つ。波に急な斜面ができるだけでなく、時にはチューブも現われる手ごわい波が上がるので、ここではビッグウェーブ専用のガンボードに乗ったローカルでいつもにぎわっている。次いで、この町の最も有名なラ・グラヴィエール。ここの波は、砂丘から突き出た第二次世界大戦時代のコンクリート製のバンカー（軍事施設）前の海岸線で爆発的な波が崩れて、最高のチューブを生み出す。さらに北に行くと、地元のヌーディストビーチ、レ・キュル・ヌ（「裸の尻」の意）があり、小さなうねりと相性が良く、サンドバーと潮の流れの速さの違いに応じてさまざまなタイプの波が楽しめる。

　これらのビーチ同様にサーファーに人気の町、カップブルトンやセノッスにも近く、コンディションが良ければ、この海岸線で波に困ることはないだろう。うねりは一年中あり、通常、朝晩はオフショアの風が吹く。しかし、海岸線に曲線部がないため、大西洋に嵐を巻き起こす前線が入って来ると、数週間にわたって強烈な波にさらされることもある。

ル・ノールで大波を辛抱強く待つ仲間たちも準備万端 (262-263ページ)。来仏したオーストラリアのカエル・ウォルシュが、ショアブレイクで高く空中に舞い上がる (上)。ビーチのすぐ近くでは、ハワイのメイソン・ホーが緑色に伸びるリップラインの下を駆け抜けている (下)。ラ・グラヴィエールの光輝く夕暮れ時。夕方のオフショアは秋らしい力強いうねりを生み出す (右ページ)。

セノッスから南を臨む。深く柔らかい砂浜が広がる、にぎやかなサントラルビーチ（上）、ＰＶラポルトが、はるかピレネー山脈を背景にラ・グラヴィエールの上質な波に包まれている（下）。近年、ビーチキャンプが取り締まりの対象になったが、ホセゴーは、車で寝泊まりしながら旅するサーファーに人気の場所だ（右ページ）。

For Your Information

レベル：初級者から上級者まで。

ベストシーズン：秋は温暖な気候と朝のオフショアで、安定した波が楽しめる。

持ち物：10月以降は肌寒い朝用に暖かいコートと、穏やかな午後用に夏らしい服装が必要。

波がない時にできること：美しい町ビアリッツで過ごしたり、ピレネー山脈に足を伸ばしたりするのも良い。

地元のアドバイス：町の中心部にはおいしいレストランやバーがたくさんあり、夏の夜やCTの大会が開催される時には毎晩にぎわいを見せる。

おすすめのサーフスポット：i. ジロンド　ii. ラ・コート（バスク地方）

起伏に富んだ
イギリスの
サーフィン中心地

**イングランド
コーンウォール**

北大西洋に突き出たコーンウォールは、イギリス本土の岩だらけの南西端一画を占めている。700キロにおよぶ長い海岸線はうねりがあふれ、かなり古い時代から木製のベリーボード（腹ばいで乗るボード）で波に乗るという豊かな伝統があることを考えれば、半世紀以上前からサーフィンが盛んなのもうなずける。その結果、バラエティ豊かで、地域に根ざしたサーフカルチャーが形成され、エキセントリックな年配者、熱心な新参者、ひたむきな若者など、それぞれに個性的なサーファーたちが暮らすエリアが数多くある。

現在では観光地として知られているが、この地域の産業の痕跡は海岸の風景に刻まれている。絶好のブレイクポイントの近くに昔ながらの漁港があり、地下鉱山の坑道の上に建つ役目を終えた発電所が、絵のように美しい入り江に囲まれた岬に高くそびえ立っている。大西洋の果てまで延々と続く海岸沿いの道路も、もともとは密輸業者と彼らを捕まえようとする沿岸警備隊によって踏み固められて作られたもので、過ぎ去った時代の面影を彷彿とさせる。この道路は現代サーフィンにおいて重要な位置を占めており、混雑していない波を求めて海辺の隅々まで探す道として機能している。

潮の干満差が大きく、外洋に面しているため、波のコンディションは変化しやすく、季節ごとに分刻みで変わる。夏になると、長い砂浜のビーチは旅行者で埋め尽くされるが波は小さく、何週間も波がない状態が続くこともある。冬は連続して嵐に襲われ、風速15メートル以上の強風と6フィート以上のうねりが数カ月間続くこともある。しかし、狭い田舎道を運転し、風にさらされる崖を横切ることさえいとわなければ、どこに行ってもサーフィンができる場所がある。

セネン・コーブでさりげなくクロスステップを決めるイジー・ヘンショール(268ページ)。うねりがある時期は決まっておらず、良い波は年中やってくる。アダム・グリフィスは、ニューキー近郊で夢にまで見た夕暮れ時のサーフィンを体験し、真冬のブルーな気分を吹き飛ばした(269ページ)。古い銅山の残骸を背に波に乗るジェームズ・パリー(下)。このエリアでポピュラーなフィストラルビーチで技を見せるアラン・ストークス(右ページ)。

For Your Information

レベル：初級者から上級者まで。

ベストシーズン：安定したうねりと穏やかな気候の9月と10月は、サーフトリップに最適。

持ち物：膝くらいの高さからオーバーヘッドサイズの波まで対応できる、オールラウンドなボードがあれば、どんな日でも海に入れる。

波がない時にできること：ガイド付きのコースティアリング（道具を使わずに海や山を楽しむ）ツアーで、秘密の海底洞窟を探検したり、岩から飛び込んだりするのも良い。

地元のアドバイス：サーフィンの後は、地元のパン屋でこの地方伝統のビーフパイ「コーニッシュ・パスティ」で空腹を満たそう。

おすすめのサーフスポット：i. スウォンジー地区（ウェールズ）　ii. ブルターニュ地方（フランス）

エメラルドの島、
アイルランドの
特別なエネルギー

アイルランド
ウエストコースト

　北大西洋でのサーフィンを魔法のように演出する条件を考えた時、アイルランドはそのすべての要素を備えている。壮大な景色、神話と物語に彩られた豊かな文化、冷たい水、温かいもてなし、そして何よりとても魅力的なすばらしい波の数々……。この地のサーフィンは、歴史が長く、常に進化している。北西部だけでも、50年前からサーフィンが行なわれているリーフ、河口、ポイントブレイクがあり、ここ2年で開拓されたばかりの迫力満点のスラブもある。

　この国のビッグウェーブの幕開けとなったのは、

2000年代初頭、ローカルのリッチー・フィッツジェラルドとイギリス人のゲイブ・デイビスが、ハワイで見たビッグウエーブに刺激を受け、マラモアでトウインサーフィンに挑戦した時だ。意気込んで始めたものの、当初は何をしているかよく分からず、テレビ番組『マイアミバイス』から飛び出してきたようなジェットスキーを乗りまわしただけだったと言うが、この時彼らが乗った波は、のちのこのエリアの発展に大きな意味を持つことになった。

　次のブームはおよそ10年後、他のヨーロッパ地域と同じくらい大きくワイドなチューブを生み出すリーフがいくつか発見された後のことだ。代表的なものが、モハーの断崖のふもとのアイリーンズと呼ばれるブレイクである。アクセスは、海路で行くか、身の毛もよだつような険しい「ヤギの道」を30分ほど歩くかしかなく、この場所での波乗りはアイルランド本来のサーフィンを全身で体感できる。大きく立ち上がった波が浅い岩棚に打ちつけると強風で泡が渦巻き、数百メートルも切り立った断崖がその様子を見下ろしている。

上空から撮影したマラモアヘッド（274–275ページ）。アンドリュー・コットン。プロウラーズの愛称で親しまれるブレイクで（275ページ）。マラモアの「山」を下る準備をするコナー・マグワイア（下左）、モハーの断崖の下に降り立つのを待つコナー・マグワイア（下右）。若いエンダ・カレンは、ここ数年でマラモアを代表するサーファーに成長した（右ページ）。

この場所と同じような魔法の場所ライリーズで、2000年代後半に起こった急速な変化は、ひどい怪我や数えきれない瀕死の重傷者を生み出していたヨーロッパのサーフィンに、画期的な時代をもたらした。

最近では、海岸と人々を守る動きがマラモアで活発になり、ローカルと外国人が一体となって協力し、可能性を広げようとしている。中心となったのは消防士のピーター・コンロイで、ビッグウェーブの安全性に画期的なアプローチを取り入れた。補助ジェットスキーの運転方法や救助、蘇生の方法を多くの人に教えているのだ。このブレイクの常連サーファーたちは、何度も互いの命を救うことで育まれた連帯感があり、かつての破天荒な雰囲気とは打って変わって経験豊富な救助スタッフへと成長している。

2020年、歴史的なうねりが起こり、アイルランドのサーファー、コナー・マグワイアが海に出ると、他のローカルたちも彼の挑戦をサポートするためすぐに行動を開始した。彼らはジェットスキーで波を見てまわり、マグワイアの先輩であるバリー・モッタースヘッドが波を選んで牽引している間、崖の上から見張っていた。彼らの努力と自身の腕前のおかげで、マグワイアはアイルランドの海岸で過去最大の60フィートの波を制覇した。「友人たちがいなければ、あそこに行くことさえできなかった」と、のちに行われた総合フェス「シーセッション」で語っている。「彼らが僕をサポートしてくれるなんて、まるで夢のように特別なことだった。メディアで評価されたことよりずっとうれしいことだよ」。

2007年、コーンウォール出身のボディボーダーで写真家でもあるミッキー・スミスが初めて発見したライリーズは、ヨーロッパの中でも、誰もが畏怖の念を抱く巨大波のスポットのひとつだ。この10年半の間に多くのサーファーが骨折を経験したが、ここでキャリアを確立したサーファーもいる。そして、多くの雑誌の表紙を飾った（下）。

For Your Information

レベル：初級者から上級者まで。

ベストシーズン：最大のうねりは通常11月から3月にかけて発生するが、巨大な波を求めない場合は、9月と10月の穏やかな時期が最適だ。

持ち物：秋に行くなら、あらゆる天候に対応できる道具を用意しよう（特に寒い日や雨の日に備えること）。

波がない時にできること：静かな海岸沿いの風景を楽しんだり、ダブリンでアイルランド独特の雰囲気を楽しむのもよい。

地元のアドバイス：有名なスポットだけでなく、この地域には数多くのすばらしいブレイクがある。ローカルサーファーにギネスビールを何杯かおごれば、秘密の場所を教えてくれるかもしれない。

おすすめのサーフスポット：i. ポートラッシュ地区（北アイルランド）、ii. ノースコースト（スコットランド）

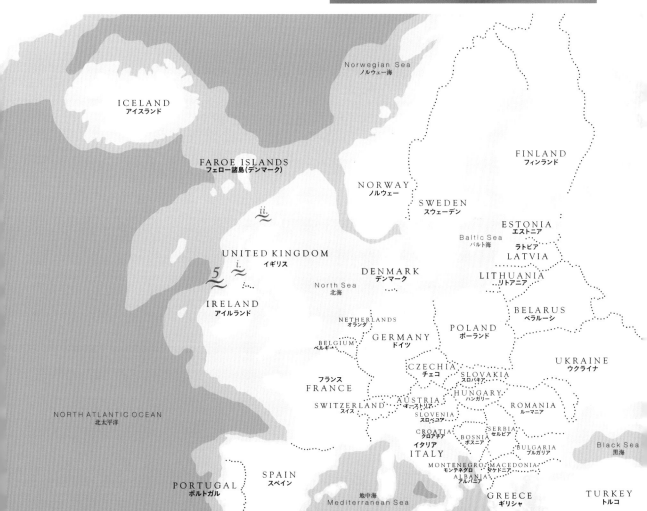

「カレドニア」の
寒さの気晴らし

スコットランド
ノースコースト

　古代はカレドニアと呼ばれたスコットランドのノースコーストほど、荒涼とした田舎の魅力と世界有数のリーフブレイクが調和している場所はないだろう。最高の波は、サーソー・イーストと呼ばれるライトのポイントブレイクで、荒れ果てた城の影になる泥炭質の河口にブレイクする波が特長だ。車を使ってこのポイントにアクセスするのは簡単。親切な農夫が牛小屋の横に車を停めさせてくれるからだ。しかし、この地域でホンモノの最高の波にたどり着くには、湿地帯を長時間歩き続ける苦行が待っている。ありがたいことに、この地域では「自由に歩く権利」が認められており、礼儀をわきまえさえすれば、たとえそこが私有地であっても、どこの海岸でも自由にアクセスできる。おかげで、どこへ行っても冒険心をくすぐられるのだ。

　最寄りの町から車で2時間以上かかるこの海岸の周囲には平地が延々と続き、冬の寒さは厳しい。生活するには過酷で孤独を強いられる場所なので、ローカルサーファーたちのコミュニティ意識はとても強い。彼らは、みぞれだろうが雨だろうが、もちろん晴れの日も一年中、大西洋のどんな波にも乗ってやろうと海に出てくる。そして、波に乗った後はクラブハウスでにぎやかに意見を交わすのだ。このクラブハウスはサーソーに最近建てられたもので、干し草の束と農機具の間、波を見下ろす場所にある。また、近くのパブに移動して暖炉の前で暖まり、世界的に有名な地元のウイスキーを飲むのも、彼らのお気に入りだ。

　サーソー周辺にはチューブを作り出すリーフが点在し、世界のサーフィン界から注目され始めているが、西にも美しい砂浜や河口のブレイクがたくさんある。人影はまばらになり、海岸沿いの曲がりくねった道を走れば、雄大な山の稜線、壮大な湖、リーフの小島など、そのワイルドな景色はどこを見ても美しい。キャンピングカーで寝泊まりをするのが一般的だが、車やバイク、徒歩で旅をするサーファーにもさまざまなオプションがある。パブ、ホステル、ベッド＆ブレックファスト。疲れたハイカーが無料で泊まれるように開放された、ボシーと呼ばれる石造りの小屋は、スコットランドの原野で本格的な冒険をしたいサーファーにぴったりだ。

イギリスのさまざまな大会で優勝を飾るルーシー・キャンベル。ある秋の夕暮れ時、パステルカラーの空の下でスラブのスキルを磨く（280−281ページ）。ノースコーストを縦断するA836号線は、人里離れた荒々しいいくつものビーチを結んでいる（下）。ウィル・ベイリーは、この国の楽器にちなんでバグパイプと名付けられたスポットで、パイプラインに似たチューブを堪能する（右ページ）。

For Your Information

レベル：中級者から上級者まで。

ベストシーズン：うねりがある時期は11月から3月だが、日照時間が長く、暖かい日が続くこともあるので、9月と10月もおすすめだ。

持ち物：頑丈なハイキングブーツと、お気に入りのチューブライド用ボード。

波がない時にできること：風光明媚なこの地を散策。冬は車で4時間半ほど南下してグレンシーに行き、スノーボードを楽しむのも良い。

地元のアドバイス：サーソー周辺ではシャチやオーロラを見るチャンスがあるので、探してみよう。

おすすめのサーフスポット：i. アウター・ヘブリディーズ諸島　ii. イーストコースト

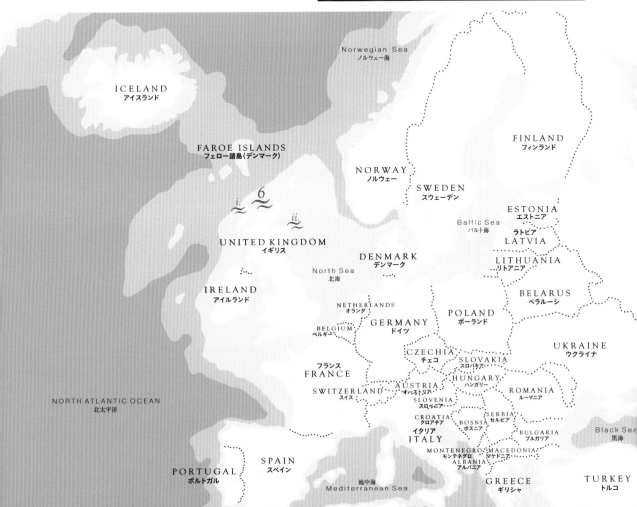

ヘル半島の筋金入り
サーファーたち

ポーランド
ヘル半島

　ポーランドのヘル半島はまるで細長い指のような形のサンドバーで、北部の海岸からバルト海に突き出している。最も幅の狭い場所はわずか150メートルほどで、砂地は鬱蒼とした植生に覆われ、半島を貫く1本の道路の途中には、港町が点在している。

　ヘル半島という名前は、古ポーランド語で「無防備」を意味する「hyl」に由来するという説があり、実際、海に面した海岸線は、バルト海のあらゆる方向からのうねりを完璧な角度で受け止めている。海岸線から突き出た木製の堤防は動きの速い砂をせき止め、十分な安定感と激しさを備えた波を作り出すことから、この地はポーランドのサーフシーンの中心地になった。

　この海でのサーフィンは、大洋でのサーフィンとはまったく異なる。ヨーロッパの西側では、何千キロも離れた嵐によって発生した大うねりが、大西洋を横断するにつれて徐々にまとまって波となる。一方、ポーランドのサーファーたちは、バルト海の浅瀬で強烈なうねりを起こす、岸に近い場所で発生する強烈な嵐に頼っている。そのため、うねりは安定せずすぐに消えることが多く、強風を伴うこともある。また、砂嘴の周囲をかき乱すような激しい離岸流が発生し、海水温が摂氏0度まで下がることもあるため、ポーランドでのサーフィンは魅力的でないように思われている。

　しかし、時折風が止まったりオフショアに変わったりしながらも、波が海岸に打ち寄せてくることがある。ポーランドのサーファーが一年中待ち望んでいるこの魔法のような瞬間こそが、ヘル半島のサーフィンを盛り上げる基盤となった。秋から冬にかけては、熱狂的なサーファーにとっては最高の季節だ。また、サーフスクールやレンタルショップ、サーフィンをテーマにしたバーやビストロなどサーフボードの看板を掲げているところも多く、夏に気軽にサーフィンをしたい人たちも楽しめる。

冬の爽やかな朝、ボトムから飛び出すポーランドのサーフィンチャンピオン、クバ・クジア（上）。うねりがある時期には、ヴワディスワヴォ・マリーナの両側で楽しい波が立つことも多い。北側には氷に覆われたテトラポッドの下に良い具合に砂が堆積する場所があり（下）、南側は北西の風から守られている（右ページ）。

For Your Information

レベル：初級者から上級者まで。

ベストシーズン：11月から3月。秋から冬にかけて最高の波が訪れる。

持ち物：冬は水温が氷点下になるので、厚さ6ミリのフード付きウェットスーツ、ブーツ、グローブは必須。

波がない時にできること：ヨーロッパでも有数のスポット、パックベイでカイトサーフィンに挑戦してみよう。

地元のアドバイス：ヘル周辺海域には1,500隻以上の難破船が沈んでおり、ほとんどが第二次世界大戦時のものだ。

おすすめのサーフスポット：i. カリーニングラード（ロシア）　ii.リトアニア西海岸

セヴァーン川の
「マディ・ブラザーズ」

イングランド
セヴァーン・ボア

　太陽が降り注ぐカリフォルニアやハワイのビーチから遠く離れた地、イギリスの田園地帯の中央を流れる、冷たく濁った川での波乗りなど、なかなか想像しにくい。しかし、ここセヴァーン川に発生するボアの信奉者たちは、世界のどのサーフコミュニティよりも熱狂的だ。

　ボアとは、イングランド南西部の都市、ブリストルのすぐ上流にできる波（海嘯）である。この波は、潮の満ち引きと地形が作り出す。数週間に一度、月と太陽が一線上に並ぶ時、その引力によって潮の大きな揺れが生じ、大潮となる。セヴァーン川の河口から狭い水路に流れ込む潮は、その先頭部分で垂直壁となって上流へと逆流する。そこから約34キロにわたって、波は崩れたり再形成されたりしながら、パブや教会、放牧された羊の前を縫うように上流へと向かう。

　1955年の夏、マッド・ジャックと呼ばれたジャック・チャーチル中佐が、初めてこのボアでサーフィンをした。チャーチルは、第二次世界大戦中に剣と長弓を持って戦場に赴き、武勲を立てた軍人だ。それだけでなく、自作の木製サーフボードをバイクの後ろにつけてセヴァーンの川岸に立ったことでも、歴史に名を残したのである。この波は「マディ・ブラザーズ（泥の兄弟）」を自称する、チャーチル同様に風変わりな仲間を惹きつけてやまない。海とは違って、ひとつの波をみんなで共有しなければならないからこそ、彼らには深い仲間意識が育まれた。肩を寄せ合い、声を掛け合い、励まし合いながら波に乗るのだ。ワイプアウトすると急いで車に戻り、波を追いかけてさらに上流のアクセスポイントに向かう。トリックやマニューバーはなし。足が痛くなるほどのロングライドが、ボアサーファーにとっての究極のゴールだ。距離の世界記録は、地元の鉄道技師であるスティーブ・キングの12キロ。1時間以上もボアに乗り続けた記録は破られていない。

毎年、ボアを生み出す潮の大きさや時間、日付などを記したガイドが発行される。サーファーたちが川岸に集まり、シーズン最大の潮の到来を待っている（左ページ）。ミンスターワースで、誰にも乗られずに通り過ぎるボアを眺めるギャラリーたち（上）。霧の朝、ニューナムの教会近くで、十数人のサーファーが波をシェアしている（下）。

デヴィッド・ハーバーは機を逃さずレアなレフトの波をつかみ、ガラス板のような川面を独り占めした（上）。大潮はいつも早朝にやってくるので、冬のボアに乗るには日の出前に川に入らなければならない。1月の凍てつく朝、デイブ・バットンはアーリンガムの霜の降りた畑を横切る（下）。

For Your Information

レベル：中級者から上級者まで。

ベストシーズン：2月から4月、8月から10月。春分の日と秋分の日が最も潮位が高くなる。

持ち物：ボロボロになってもいい大きなボード。

波がない時にできること：ミンスターワースのホテル「セヴァーン・ボア・イン」で、イギリス伝統のサンデーローストを食べよう。

地元のアドバイス：アーリンガム村は、初めてボアに乗る人に最適なスポットだ。十分な広さがあり、波に乗り遅れても上流で追いつける。

おすすめのサーフスポット：i. ノースデボン　ii. ボーンマス地区

北大西洋の特別な
巨人と魔女と楔

デンマーク
フェロー諸島

フェロー諸島は、イングランド、ノルウェー、アイスランドの間、北大西洋の荒波に散らばる18の島々からなり、実に荒涼とした場所だ。この地の住民は何百年もの間、農業と漁業で何とか生計を立て、藁葺き屋根の小さな家を広い氷河の谷間に建て、集落を形成し暮らしてきた。しっかりしたうねりがあり、1,100キロ以上も続く海岸線にはリーフや砂浜などバラエティに飛んださまざまな入り江があるにもかかわらず、この場所の波が注目されたのは2000年代に入ってからで、ローカルサーファーが定着したのはさらに最近のことだ。

始まりは2006年、カメラマンとして活躍するヤシン・ウヒラルの、アメリカ人サーファーたちとの撮影トリップだった。現地の人に聞いてまわった結果、カイトサーファーであるダビド・ゲイティを紹介された。彼は島の波については何も知らなかったのだが、地元の案内役を買って出た。結局、ウヒラルはひと冬をこの島で過ごし、数々のブレイクを調べ上げ、ゲイティに波の乗り方を教え、帆を外したウィンドサーフボードで浅瀬に連れ出した。ウヒラルが去ると、ゲイティはノルウェーから本物のサーフボードを取り寄せ、数年の間、海食柱と時折やってくる人懐こいアザラシ以外、何もないこの海岸でサーフィンをした。そんなある日、カット・ベーレンツェンが現れた。

フェロー諸島で生まれ育ったベーレンツェンは、コスタリカを旅行した際にサーフィンを習い、ゲイティが立ち上げたFacebookの波乗りグループに参加す

フェローの海岸線の多くは道路でアクセスできず、波を探すには雪の山道を歩かなければならない（上）。小さな村チアヌヴィクには、この島で最も有名で安定したサーフブレイクがあり、大きな嵐のうねりが入る時には、強風の影響でライトとレフトの波がくっきりと現れる（下右）。

ることで、故郷でもサーフィンできることを知っ
た。その後、何人ものプロサーファーがこの島
を訪れ、次第に映画やサーフィン雑誌で紹介さ
れるようになった。しかし、ライフガードもサー
フスクールも、レンタルショップもないこの島
では、ベーレンツェンとゲイティはたった2人の
ローカルサーファーだった。

そして2019年、地元の人々や旅行者、国の観
光局の関心が高まる中、ベーレンツェンと友人
のアンドラス・ブリクセン・ヴァーグスヘイグは、
島で初めての本格的なサーフィン施設の設立を
決めた。フェロー諸島のサーフガイドは今、チャ
アヌヴィクビーチの小屋を拠点に、レッスンや
道具のレンタルを行なっている。また、シュノー

ケリングやクリフジャンプなど、さまざまな海の
アクティビティも提供し、その後は自然の中の
天然温泉で冷えた体を温められる。現在、小規
模だが絆の強いローカルサーファーたちが定期
的に波に乗っているが、そのほとんどがベーレ
ンツェンの熱心な指導のもと、サーフィンに魅
了された人たちだ。

チャアヌヴィクビーチの向こうには、魔女と巨人と呼ばれる2つの岩山が見える。はるか昔、フェロー諸島を征服するためにアイスランドから送られたという伝説がある。巨人は島を自分の背中に乗せようとひと晩中がんばったが、朝日が昇ると同時に2人は石になり、それ以来ずっとここに立っている（299ページ）。フェロー諸島初のローカルサーファー、ダビド・ゲイティ（右ページ）。

For Your Information

レベル：初級者から上級者まで。

ベストシーズン：メインスポットのチャアヌヴィクでは、岬を囲むしっかりしたうねりが必要なので、11月から2月がベストチャンス。

持ち物：冬の気温は摂氏0度前後なので、保温対策と厚手のウェットスーツは必需品。

波がない時にできること：美しいムラフォスール（ミューラの滝）や、にぎやかなパフィンの生息地を見学しよう。

エピソード：島々のどこにいても、5キロ以内で海岸に出る。

おすすめのサーフスポット：i. アイスランド南海岸　ii. ホジェビク地区（ノルウェー）

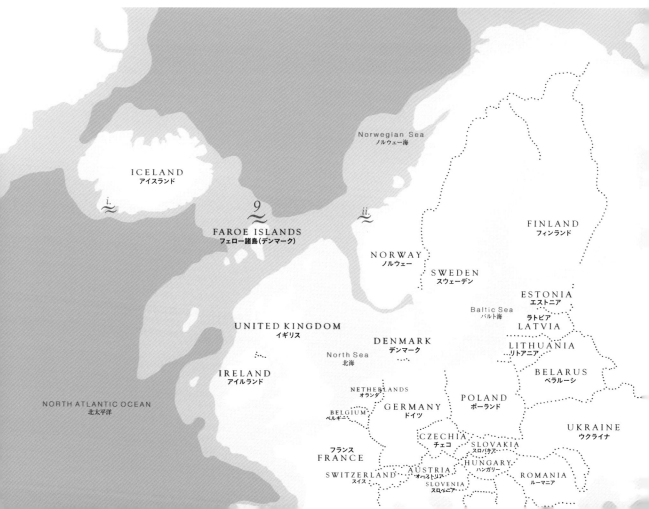

北極海、バイキングの秘められた宝物

ノルウェー
ロフォーテン諸島

　ある種のサーファーは、ロフォーテン諸島を地図で眺めるだけで血が騒ぐ。ノルウェー北西部の海岸沖のこの群島は激しい北極の嵐にさらされ、うねりは荒々しく岩だらけの海岸線に押し寄せる。その地形こそが、リーフブレイクのポイントを発見できる可能性の証でもある。また、この島の山岳地帯の地形も特徴的で、900メートル以上の山々が海から直接そびえている。荒涼とした手つかずの自然が残されたこの場所は、世界でも指折りの壮大さを誇っている。

　ロフォーテン地方には、少なくとも11,000年前から集落があったと言われている。バイキングが船乗りであったことは確かだが、日常的にサーフィンを楽しむ人が現れたのは、1990年代後半になってからのことだ。人影がまばらな時期もあったが、今はそんなことはない。ローカルの先人たちは、多くの人を魅了した1950年代のカリフォルニアのサーフカルチャーが、ロフォーテンにも形成されたのはそんなに昔のことではないと、ふりかえる。

　現在、ウンスタッドビーチは世界的に知られたスポットで、現在の寒冷地サーフィンの爆発的な人気に大いに貢献している。入り口が幅広く奥行きのある湾は北西に面し、西から南西のうねりを引き寄せる。そして、ビーチの南端にはウンスタッド・ライト、北端にはウンスタッド・レフトと呼ばれる波ができる。どちらも岩場の先端を通って、湾に向かって巻き込むようにブレイクする上質の波で、スピード感に満ちたチューブのセクションが楽しめる。この2つの波にはさまれたビーチの中央部では、もう少し優しい波もブレイクしている。

　あなたが、波のすぐ後方の海面から、ほぼ垂直に立ち上がる雪をたたえたギザギザの頂を背に、寒冷地仕様の防寒装備でサーフィンをしている写真を見たことがあるなら、それはウンスタッドである可能性が高い。そして、オーロラの下でサーフィンをするオーストラリアのミック・ファニングの映像を見たことがあるならば、それもウンスタッドで間違いない。しかし、注目度の高い報道が相次ぎ、その映像に託した夢の部分が希薄になってしまったことは否めない。それでもウンスタッドは依然として象徴的スポットであり、質の高い波がある。もしかしたら、ここはまだロフォーテン諸島の秘密の入り口なのかもしれない。

ポーランドのサーファー、クバ・クジアとクシシュトフ・シコラはサーフィンをするため、息をのむほど美しいトレッキングを楽しんでいる（302–303ページ）。ウンスタッドの波は、1990年代にサーフィン雑誌の記事や映像で初めて世界に紹介された。それ以来、この湾の雪景色は、世界的に寒冷地サーフィンの広告塔になっている（右ページ）。

ロフォーテンは幻想的なオーロラを見るのに、地球上で最も条件の良い場所のひとつで、2つのブレイクがバンプアップされ、大きくなった波の上にゆらめくオーロラが見られる唯一の場所でもある（上）。

For Your Information

レベル：初級者から上級者まで。

ベストシーズン：11月から2月が最も波が安定するが、日照時間は非常に短い。逆に、夏場は波と体力があれば、ほぼ24時間サーフィンができる。

持ち物：厚手のウェットスーツと、他では見られない光と風景の融合を撮影するカメラ。運良くオーロラが見られたら最高だ。

波がない時にできること：登山。バックカントリースキーやスノーボードが好きなら、ロフォーテンには世界有数のみごとな地形が、文字通り海から山頂まで続いている。

地元のアドバイス：万全な防寒対策を！

おすすめのサーフスポット：i. ボードー地区、ii. スタヴァンゲル地区

氷と雪の国、氷点下の海でサーフィンをする

Sub-Zero Surfing in the

Lands of Ice and Snow

サーフィンをする場所は、もはやヤシの木やト
ロピカル・ブルーの海だけではなくなっている。
極寒地域のいくつかの場所では、豪快なサー
ファーたちが、ボードに付いた氷を削り取り、雪
の吹き溜まりをかき分け、凍てつく海に飛び込
んでいく。たいてい仲間はいないが、そんなこ
とはおかまいなしなのだろう。本来のサーフィ
ン・ドリームとは異なるが、もしかしたら最後に
残された夢なのかもしれない。

BY JAMIE P. CURRIE

ジェイミー・P・カリー著

その背景は、映画『エンドレスサマー』
ののどかな世界とはまったく異なる
が、求めるものは同じだ。つまり、異
国の地でまわりに誰ひとりいない、完
璧な波を探すこと。アラスカの地で、
ハワイのジョシュ・マルコイが幸運を
つかんだ。

新たな希望

　あなたにとって、どんなサーフシーンが理想的だ
ろうか。おそらく、雪だまりをかき分け、みぞれや
雹（ひょう）を避けながら、肌を刺すような強風にさらされる
ことではないはずだ。冷水によって発症する、頭
蓋骨に釘を打たれるような激しい頭痛でもない。
サーフィンした後にトラウマになるようなショックな
体験でもないだろう。誰の助けも得られず、ウエッ
トスーツの中でかじかんだ体を震わせているのは
心細いものだ（たとえ人がいても、寒くて助けを
呼ぶ声さえ出ないかもしれない）。そこまでして寒
さに耐えるなど、賢明ではないと言う人もいるだろ
う。

　しかし、こんなサーフィンが実際にあるのだ。あ
る人はそれを喜び、ある人はただ耐え、ある人はそ
れを求めて遠征に出る。寒冷地サーフィン、いわゆ
るコールドウォーター・サーフィンは、地理的条件
による必然性だけでなく、かつてのサーフィンのあ
り方を再発見する手段でもある。つまり、人混み
のない完璧な波に囲まれる喜びに満ちた冒険だ。
サーフカルチャーの黄金期を、アイスブルーの色
彩で追体験するチャンスなのだ。

　今日、多くのサーファーの「死ぬまでに行きたい
場所リスト」の上位に挙がるのは、スコットランド、
アイルランド、ノルウェー、カナダ、アイスランド、ア
ラスカ、ロシア、そして南極大陸などで、新しい波、
あるいは人がいない波が見つかる可能性が残さ
れた場所である。どこもその環境は過酷で、気温
が極度に下がる長い冬がやってくる。気温が摂氏
マイナス40度の南極で泳ぐようなものだ。しかし、
実際それをやる人たちがいる。ウェットスーツの
性能の進歩、天気予報やグローバル規模の旅行
ネットワークの発達により、氷点下の海はもはや、
マゾヒストやアウトロー、研究者たちだけに許され
た特別な領域ではないのだ。

極寒の地で口火を切る

　最初にサーファーが挑んだ極寒の海がどこか、定かではないのだが、ウェットスーツが発明される前であることは確かだ。おそらく、ウェットスーツ登場前の時代における最初の本格的コールドウォーター・サーファーは、北カリフォルニアの人々だったと推測される。

　1920年代後半以降、度胸ある人々が世界のさまざまな極寒の海に足を踏み入れていたことは間違いない。スコットランドのキンタイア半島では、古くは1930年代から、地元の葬具屋が削った粗末なボードでサーフィンをしたという逸話がある。夏場でもこの地の平均海水温は約摂氏13度だ。手作りボードで、しかもウェットスーツなしでサーフィンするなど、狂気の沙汰としか言いようがない。

　その後、20年以上にわたって世界の寒冷地でサーフィンする人はいたものの、その地にサーフィンが定着し始めたのは、1960年代後半になってからだ。スコットランドでは、自作のボードや暖かい地域から持ってきたボードを使うサーファーの集団がちらほらと出現し出している。彼らは皆強靭で、歯を食いしばりながらもショートパンツでサーフィンをし、極北の地にカリフォルニアスタイルのビーチカルチャーを確立しようという思いで熱くなっていた。その後、改造した潜水服を利用したり、ネオプレン素材のベストの下にウールセーターを着たり、食器洗い用のゴム手袋を使用したりと、防寒対策を工夫した。

　しかし、ウェットスーツが発明されると状況は一変する。最初は体にフィットせず、あまり役に立たなかったウェットスーツは、現在のようなスマートなネオプレン製ウェットスーツへと進化を遂げた。厚さは1ミリから7ミリまであり、フード、ブーツ、グローブなどさまざまな付属品もあって、何時間でも水中で快適に過ごせるようにデザインされている。現在、大手ウェットスーツメーカー各社はどこも氷点下でのサーフィンに対応していて、コールドウォーター・サーフィンに特化したブランドもある。

理想は氷の中に

　寒冷地でのサーフィンは写真映えするので、最近ではそのイメージに憧れて、過酷な辺境でサーフィンしたいという人もいる。ヤシの木、白砂、紺碧の海という従来のサーフィンのイメージとは対照的に、ここでのサーフィンが伴う景色は、黒い砂やギザギザの岩が並ぶ火山性の海岸線、雪をたたえた山並みの背景、白夜のサーフィン、オーロラのきらめきだ。光と水、風景の相互作用を上手に表現したイメージがあれば、サーフィングッズは人気が出るし、人々の夢もふくらむ。舞台が変わろうが、夢は変わらないのだ。誰も立ち入ったことがなく、これからもないだろうと思える場所で、完璧な波を独り占めするという夢。それは、元祖サーファーの理想とは対照的な「エンドレス・ウインター」、果てしない冬の夢だ。

　景色の美しさだけでなく、寒冷地にはサーファーの心をつかむ手つかずの自然が残されている。概してアクセスが困難で、波を探すのも難しい。宿泊施設やサーフキャンプはあるのだが、バリやモルディブのような高級リゾートはない。また、天候が安定するまでの待ち時間も長くなる。一般的なサーフスポットよりも手間がかかり、それは一種のギャンブルみたいなものだと思ったほうがいい。

　引き換えに得られるものは？　人混みのない波と、目標を持ってがんばったという満足感だ。温暖な水域のスポットは、サーフトリップや探検で残らず発掘され、知り尽くされている。一方、寒冷地のスポットには、まだサーフカルチャーのエッセンスが残っている。実際、今日も理想を追い求めるために、多くのサーファーが快適さと仲間との時間を喜んで犠牲にしている。サーフィンの本質は、発見なのだ。チャンスをつかみ、二度とないその瞬間を探すこと。その瞬間は、氷の海の中にある。

冷たい水、暖かい魂

　コールドウォーター・サーフィンは、つま先を海につけただけで帰ろうとする旅行者や捜索者だけのものではないが、そうした人たちがいなかったら、ここに多くのサーフコミュニティが成立することなかっただろう。サーフィンは、種が発芽して育ち、木が繁るように広がっていく。本能に導かれて世界に飛び出したサーファーは、波への愛を分かち合わずにはいられないからだ。そのサーファーがどこにたどり着くか、誰にもわからない。

　世界の辺境の地で最初にサーフィンをしたのは旅行者で、ボードをその地に置いて立ち去っていくことが多い。地元の人々は、謎の外国人たちが荒れ狂う海にパドリングするのを、恐る恐る見ていただけだったのだろう。だが、やがて彼らも残されたボードでパドルを漕ぎ出し、こうして新しいサーフカルチャーが誕生した。最初は疑いと好奇の目で見られていたよそ者だったが、彼らは喜びに満ちたものを残していったのだ。

　世界の寒冷地や隔絶された場所では、サーフィンの価値は計り知れない。サーフィンのある生活は人々に生きがいを与え、都市に出て行く人々に失われがちな陸や海とのつながりを取り戻してくれる。サーファーは、他の人が見向きもしない場所に価値を見出す。そうすることで、サーフィンがコミュニティ活性化のきっかけになり、その地域の生き残りに貢献することもある。

　今日、こうした寒冷地のサーフスポットを訪れれば、世界各地からやってきた人やローカルたちに歓迎され、忘れがたい経験が得られるだろう。ここには、サーフィンをするためにこの辺境の地に移り住み、サーフィンのために暮らしている人が多いからだ。

　フェロー諸島やシェトランド諸島、シベリアなど、極地の凍土に点在するスポットでは、仲間の温もりを求めてやまない孤独なサーファーもいることは確かだが、他の地域では高緯度でのサーフカルチャーが成長している。アメリカ本土の東海岸、西海岸、カナダ、北欧、イギリスなどには、すでにサーファーのコミュニティが確立されていて、場所によっては夏場ならブーツやグローブ、フードは必要ないこともある。

　困難があるからこそ、独特の絆が生まれる。トラブルに巻き込まれた地域や悲劇に沈む家族が結束するのと同じように、寒冷地サーファーのコミュニティは、数少ない良い波を追う際に生じる痛みを共有することで結ばれている。天気や波の不安定さ、そしてここでサーフィンを続けるために耐えるべきことを考えると、痛みも報酬の一部であると思わざるを得ない。

　痛みを分かち合う一方で、確固たる意志を持っていないと、この難しい地形を制覇するのは難しい。たとえば、フレディ・メドウズ。バルト海の波を探すことに生涯を捧げるスウェーデンのサーファーだ。サーフィンの観点からバルト海の地図を見て、サーフィンの可能性を否定するのは簡単だ。しかし、メドウズはそんなアプローチが近視眼的であることを、生涯かけて証明してきた。一般的なサーファーの夢とは、自分の知っている場所、家の近く、ローカルスポット、近くの湖に、何度も繰り返し発生する理想的な波があることだ。メドウズはそんな場所には見向きもせず、夜が長いバルト海沿岸の冬に、車やボート、カヤックに乗り、時には歩いて海岸線を調べ、旅を続けた。そのプロセスの中で、彼は子どものように無垢な夢に見合った波を見つけた。こうして、多くの人がサーフィンをする理由の根幹である完璧さ、発見、希望の追求という理想を示してみせたのである。

　メドウズが発見した波は、地球上で最もパーフェクトだったわけではないかもしれないが、最も

その後、改造した潜水服を利用したり、ネオプレン素材のベストの下にウールセーターを着たり、
食器洗い用のゴム手袋を使用したりと、防寒対策を工夫した。

ノルウェーのロフォーテン諸島にある
ウンスタッドは、質の高い波、美しい雪
景色、そしてホットタブやサウナのよう
な設備のあるモダンな施設「ウンスタッ
ド・アークティック・サーフキャンプ」のお
かげで、近年、コールドウォーター・サー
フィンを求める人たちの間で人気が高
まっている。海水温は摂氏3度から15
度なので、サーフギアを準備する前に気
象条件を確認したほうがいい。

冷たい波のひとつであることは間違いない。バル
ト海は他の海に比べて塩分濃度が低いため水の
密度が低く、冬になると水が速く冷え、水温が低く
なる。スウェーデン沿岸の冬の水温は氷点下で、
2月のストックホルム周辺の平均気温は摂氏6
度だ。激しい冬の嵐は、バルト海にほんの短い間
サーフィンができる波をもたらすだけで、メドウズ
が追い求めた波は、地球上で最も希少で条件が
整わない波だ。だから彼が目指しているのは、一
生に一度、あるいは他の誰にも起こらないかもし
れない孤高の瞬間であり、唯一無二のその瞬間こ
そ、彼のサーフィンが燦然と輝く瞬間なのだ。

誰のものでもない夢

　寒冷地のライフスタイルは、とてもロマンチック
に描かれるものだ。実際にはすべての人に適して
いるわけではなく、寒さへの適応能力は人それぞ
れだ。サーフィンの人気がこれまで以上に高まる
地域、そこはサーフィンの夢の最後の聖域かもし
れない。快適でも簡単でもないし、正直なところ
楽しいとも言い難い。しかし、ある人にとっては、
それも一種の見返りなのだ。夢には、痛みを味わ
うほどの価値がある。

サーフィン用語

ア	Aフレーム	きれいな三角形をしたうねり。頂点から左右に割れ波となった状態
	アウトサイド	サーフポイントにおける沖側
	インサイド	サーフポイントにおける岸近く、内側
	インパクトゾーン	崩れたリップが水面に当たる場所
	エアドロップ	波の切り立った斜面を空中に浮いたように落ちていく状態
	オーバーヘッド	背丈より高い波
	オフザリップ	崩れようとするリップをヒットするテクニック
	オフショア	陸から海に吹く風。ほうきではいたように海面を整える
	オンショア	海から陸に吹く風。波の後方から押しつぶし海面を荒れた状態にする
カ	カービング	カットバック時にボードを寝かせて深くえぐるように弧を描くターン
	カットバック	波のパワーゾーンに戻るために方向を180度変えるターン
	カレント	離岸流
	グーフィースタンス	右足が前のスタンス
	グライド感	滑走する感覚
	グラブレール	サーフボードのレールをつかむ
	クローズアウト	波が一気に崩れてしまう状態
	コンケーブ	水の流れを良くするためにボードのボトムに施す凹み
サ	サンドバー	砂州
	サンドボトム	海底が砂
	シェイパー	サーフボード製造工程でウレタンフォームからボードの形を削り出す職人
	ショアブレイク	岸辺にブレイクする波
	スピッツ	チューブから吐き出される飛沫
	スプレー	ターンのときに起きる水飛沫の弧
	スラッシングターン	小回りが利いた急激なターン
	スラブ	大きくハードで危険な波
タ	チーターファイブ	後ろ足でしゃがんで前足を延ばして行なうノーズライディング
	テイクオフ	波を捉えサーフボードに立ち上がった瞬間
	テール	ボードの後端
	デッキ	ボードの表面
	トップターン	波のボトムに向かうために波の上部で行なうターン
	トリム	波のパワーゾーンににサーフボードをフィットさせスムーズにライディングしている状態、またはポジション
	ドロップ	ピークからボトムへ降りる
ナ	ニーボード	膝立ちサーフィン用のサーフボード
	ノーズ	ボードの先端
	ノーズライド	ノーズに足を置くロングボードのテクニック
ハ	ハイライン	最もスピードを得られるフェイスの上部
	バックサイド	波を背面にしたライディング
	バレル	チューブ
	ハングテン	両足10本の指をノーズにかけた究極のノーズライド
	ハングファイブ	片足5本の指をノーズにかけたノーズライド
	ピーク	波の頂点
	ビーチブレイク	海底が砂地の場所でブレイクする波
	フィンアウト	フィンを波の外に蹴り出す技
	フェイス	波の表面
	フロー	ライディングの技の流れ
	フロントサイド	波と正対したライディング
	ボウル	波が巻き上がってバレルになる部分、またはその状態
	ポケット	波のパワーのある場所
	ボトム	波の底部、平らな水面、最低部はディープボトム。またはサーフボードの底
	ボトムターン	ボトムで行なうターン
	ホワイトウォーター	白波、別名スープ
マ	マニューバー	1本のライディングでサーファーが技やテクニックを組み合わせて描くライン
ラ	ライト	岸から見て右から左に割れる
	リーシュ	流れ止め
	リーフ	岩礁
	リーフブレイク	海底が岩礁または珊瑚礁の、地形があまり変化しない場所でブレイクする波
	リッピング	オフザリップを行なうこと
	リップ	今にも崩れそうな波の上部
	レイトテイクオフ	テイクオフのタイミングが遅れた状態
	レイバックターン	カットバック時に背中を水面に倒して行なうターン
	レール	サーフボードの両サイド部
	レギュラースタンス	左足が前のスタンス
	レフト	岸から見て左から右に割れる
	ロッカー	サーフボードのボトムの反り
ワ	ワイプアウト	ボードから転落する

Index

アメリカ合衆国　マーヴェリックス
pp. 162 –163, 164 (上左), 166 –167, 168 (上) 撮影/Ryan Chachi Craig @chachfiles
pp. 164, 165, 168 (下), 169 撮影/Fred Pompermayer fredpompermayer.com

アメリカ合衆国　マリブ
pp. 178 –181 撮影/Jeremiah Klein @miahklein

イラン　ラミン
pp. 140 –141 撮影/Kingsly Xavier George / Alamy Stock Photo
pp. 142, 144 –145 撮影/Giulia Frigieri giuliafrigieri.com
p. 143 撮影/Poliorketes/Adobe Stock

イングランド　コーンウォール
pp. 268 –273 撮影/Luke Gartside @lugarts

イングランド　セヴァーン・ボア
pp. 290 –295 撮影/Luke Gartside @lugarts

インド　ケララ州
pp. 134, 137 (下) 撮影/Anna Diekmann
pp. 135, 136, 137 (上), 138 –139 撮影/Katie Rae katieraephoto.com

インドネシア　メンタワイ諸島
pp. 122 –127 撮影/Marc Llewellyn emvielle.com

オーストラリア　シップスターン・ブラフ
pp. 60 –65 撮影/Stuart Gibson stugibson.net

オーストラリア　マーガレットリバー
pp. 54 –59 撮影/Tom Pearsall tompearsall.com

オマーン
pp. 146–151 撮影/Sergio Villalba studio sergiovillalba.com

カナダ　トフィーノ
pp. 182 –187 撮影/Marcus Paladino marcuspaladino.com

ガーナ
pp. 88 –93 撮影/Alan van Gysen @alanvangysen

キューバ
pp. 228 –233 撮影/Makewild @makewild

コスタリカ　ノサラ
pp. 216 –221 撮影/Callum Morse saltshots.com OMAN
pp. 146 –151 撮影/Sergio Villalba studio sergiovillalba.com

スコットランド　ノースコースト
pp. 280 –281, 283 撮影/Luke Gartside @lugarts
pp. 282, 284 –285 撮影/Mark McInnis markmcinnis.com

スペイン　カナリア諸島
pp. 102 –107 撮影/Sergio Villalba studio sergiovillalba.com

セネガル　ダカール
pp. 82 –87 撮影/Lisa Coulaud @lisa_coulaud

台湾　台東
pp. 128 –133 撮影/Matt Power mattpowerphoto.com

チリ　イースター島
pp. 244 –249 撮影/Alfredo Escobar @escobar_photos

チリ　ピチレム
pp. 238 –243 撮影/Rodrigo Farias Moreno @fariasmoreno

デンマーク　フェロー諸島
pp. 296 –301 撮影/Sergio Villalba studio sergiovillalba.com

ナイジェリア　タルクワ湾
pp. 94 –101 撮影/Oli Hillyer-Riley olihillyerriley.com

ナミビア　スケルトンベイ
pp. 76 –81 撮影/Alan van Gysen @alanvangysen

ニュージーランド　コーラマンデル半島
pp. 48 –53 撮影/Rambo Estrada rambo-estrada.com

ノルウェー　ロフォーテン諸島
pp. 302 –309 撮影/Krzysztof Jędrzejak balticsurfscapes.com

パナマ　ボカス・デル・トロ
pp. 222 –227 撮影/Ryan Chachi Craig @chachfiles

パプアニューギニア
pp. 42 –47 撮影/Ryan Chachi Craig @chachfiles

フィリピン　シャルガオ島
pp. 116 –121 撮影/Camille Robiou du Pont camillerdp.com

フランス　ホセゴー
pp. 262 –267 撮影/Luke Gartside @lugarts

フランス領ポリネシア　タヒチ　チョープー
pp. 34 –37, 38 (下), 40 –41 撮影/Tim McKenna timmckennaphoto.com
p. 38 (上) 撮影/Vadim Antonov /EyeEm
p. 39 撮影/Fred Pompermayer fredpompermayer.com

ペルー　チカマ
pp. 234 –235 撮影/EyeEm / Alamy Stock Photo
pp. 236 –237 撮影/Isis Monteux @isis.frames

ポルトガル　エリセイラ
pp. 258 –261 撮影/Helio Antonio @helio_antonio

ポルトガル　ナザレ
pp. 252–257 撮影/Helio Antonio @helio_antonio

ポーランド　ヘル半島
pp. 286 –289 撮影/Krzysztof Jędrzejak balticsurfscapes.com

マダガスカル
pp. 108 –113 撮影/Alan van Gysen @alanvangysen

南アフリカ共和国　ケープタウン
pp. 68 –75 撮影/Alan van Gysen @alanvangysen

メキシコ　ナヤリット州
p. 202 撮影/Alfredo Matus /Shutterstock
pp. 203 –207 撮影/Emy Dossett @salty_see

メキシコ　プエルト・エスコンディード
pp. 196 –199 撮影/Isis Monteux @isis.frames
pp. 200 –201 撮影/Maria Fernanda mariafernandaphoto.com

The Surf Atlas
ザ・サーフアトラス

波をめぐる伝説と
まだ見ぬ聖地を探す旅

Original title: The Surf Atlas
Conceived, edited and designed by gestalten
Edited by Robert Klanten and Rosie Flanagan
Contributing editor: Luke Gartside
Preface by Luke Gartside
Text by Luke Gartside, except for pp. 26-32, 49-53, 69-75, 152-158,
170-176, 178- 181, 239-241, 259-261, 302-309, 310-316 by Jamie P. Currie
and pp. 207-214 by Lily Plume
Captions by Luke Gartside
Maps by Michelle Snyder, Quail Lane Press
Cover image by Tim McKenna, timmckennaphoto.com
Copyright © 2022 by Die Gestalten Verlag GmbH & Co. KG

The Japanese Edition is published in cooperation with Die Gestalten
Verlag GmbH & Co. KG

This Japanese edition was produced and published in Japan in 2023 by
Graphic-sha Publishing Co., Ltd.
1-14-17 Kudankita, Chiyodaku, Tokyo 102-0073, Japan

編者プロフィール
ゲシュタルテン

ドイツ・ベルリンに拠点を置く出版社。1995年の
設立以来、デザイン、アート、建築、フードデザイ
ン等、さまざまな美術関連書を刊行している。近
年は、本書をはじめ多くのアウトドア、ライフスタ
イル系の書籍を編集、出版。美しい写真と世界を
カバーする取材力の高さで、常に話題を集める。

監修者プロフィール
ザ・サーファーズ・ジャーナル・ジャパン

1992年に米カリフォルニア州で創刊された『The
Surfer's Journal』誌の日本版。選りすぐりの
フォトグラファー、ライターによる写真と文章で、
世界のサーフシーンを喝破し続ける世界最高峰の
サーフィン専門誌。

ザ・サーフアトラス
波をめぐる伝説とまだ見ぬ聖地を探す旅

2023年6月25日　初版第1刷発行

編者　ゲシュタルテン（©Gestalten）
発行者　西川正伸
発行所　株式会社 グラフィック社
　　　　〒102-0073 東京都千代田区九段北1-14-17
　　　　Phone: 03-3263-4318　Fax: 03-3263-5297
　　　　http: www.graphicsha.co.jp
　　　　振替: 00130-6-114345

印刷・製本　図書印刷株式会社

制作スタッフ
監修　　　　ザ・サーファーズ・ジャーナル・ジャパン
翻訳　　　　渡部未華子
組版・カバーデザイン　小柳英隆
編集　　　　笹島由紀子
制作・進行　本木貴子・三逵真智子（グラフィック社）

ISBN 978-4-7661-3755-2 C0076
Printed in Japan